图书在版编目（CIP）数据

亲子教育一本通：培养了不起的孩子 / 臧其超著 . —广州：广东旅游出版社，2023.8

ISBN 978-7-5570-3106-0

Ⅰ . ①亲… Ⅱ . ①臧… Ⅲ . ①亲子教育－通俗读物 Ⅳ . ① G781-49

中国国家版本馆 CIP 数据核字（2023）第 137093 号

出 版 人：刘志松
特约策划：三藏文化
项目执行：徐泽雄
责任编辑：陈晓芬
装帧设计：汉仓简文·童天真
责任校对：李瑞苑
责任技编：冼志良

亲子教育一本通 ： 培养了不起的孩子
QINZI JIAOYU YIBENTONG PEIYANG LIAOBUQI DE HAIZI

广东旅游出版社出版发行

（广州市荔湾区沙面北街 71 号首层、二层）
邮 编：510130
电 话：020-87347732（总编室） 020-87348887（销售热线）
印 刷：深圳市和兴印刷发展有限公司
（深圳市龙岗区平湖街道辅城坳社区新工业区 A50 号 A 栋）
开 本：889 毫米 ×1260 毫米 32 开
字 数：152 千字
印 张：8
版 次：2023 年 8 月第 1 版
印 次：2023 年 8 月第 1 次
定 价：78.00 元

序言：
建立和谐的亲子关系

　　望子成龙、望女成凤几乎是每个父母内心的渴望。然而，很多父母常常走进这样的误区：重教育，轻关系。比如，孩子不喜欢练书法，但父母觉得练书法很有用，孩子就一定要练，不喜欢也要练；孩子不怕冷，但父母怕孩子着凉引发感冒，就要求孩子多穿衣服。

　　这种为孩子操碎心的父母却不曾想过，这些行为会导致什么样的结果。首先，"重教育，轻关系"的行为，会让孩子对父母感到厌烦，破坏亲子关系。别看孩子小，其实他从小就有一种反抗意识，你越是要他去做，他就会越抗拒。或许孩子小时候没有力量抗拒，但是到了青春期，他就会叛逆。而许多叛逆问题的解决，最终也是要回到亲子关系的建立上来。

　　其次，如果父母"重教育，轻关系"的行为成为习惯，就会让孩子慢慢丧失自我意识。最后，孩子会失去对事物的判断能力，无法累积经验。我们成年人的判断是经验之谈，是建立在经验的基础之上的，往往自以为是地就这么认为了，而孩子的判断则是切身的感受。如果父母不懂这个道理，总是用自己的判断来代替孩子的判断，无异于把经验凌驾在事实之上。久而久之，害苦的还是孩子，孩子的判断力慢慢消失，而且会对父母形成依赖，从而缺少独立思考的能力。

每个孩子都是有生命的个体，他有自己的意志和精神，他的成长是一个自我生长的过程，任何人都是无法代劳的，任何外部环境都不能彻底改变他。我们只能尽量提供好的条件和环境，只能满足他，顺应他，引导他，发展他。

孩子是小花也是大树，在成长过程中需要阳光、雨露，更需要在风雨中历练。教育不是强行把一些能力从外面放到人这个容器里面去，这些能力在人性中本来就已经存在了，教育只是提供良好的土壤，培养孩子自身的能力，让孩子简单自然地生长。

这种亲子关系的建立，以及教育孩子的方法，并非放任自流，而是给孩子更多的自由发展的空间和时间。知识是可以教的，技能也是可以训练的，但性格的培养是一个精神和灵魂发育、成熟和提升的过程，要将外在的教育内化为孩子的性格，过程更加复杂，更加需要教育者的耐心、爱心和信心。

最高的教育是无形的，存在于亲子关系之中。

在家里，孩子看不到教育的发生，教育却实实在在地影响着他们的心灵，帮助他们学习了知识，发挥了潜能，增长了才干，这才是最好的教育。如果我们肯花时间和心力去教孩子，一定可以把孩子教好，有为者亦若是，且看今朝！

本书每节围绕一个核心话题，讲述如何建立和谐的亲子关系。真实案例采集，图文并茂，不仅适合家长学习，也适合亲子共读。教育始于家庭，陪伴孩子成长，让爱与智慧同行。

以此为序！

臧其超

目 录

第五章
父母的语言力量　111

第六章　　　　155
儿女成才必经的"人生九练"

第七章
梦想教育，和孩子一起向未来　217

第一章
重新定义父母的角色

在孩子成长的道路上，父母需要不断转变身份，才能起到引领和推动孩子成长的作用。要想与孩子良性沟通，教育好孩子，家长就需要不停地成长，并在不同教育时期进行身份上的转变。

1 角色错位，
你的爱就变成了伤害

有一个七八岁的女孩和她妈妈的对话吸引了我。

小女孩："妈妈，我最喜欢这条粉红色裙子，它有很漂亮的金色花边，色彩可鲜艳了。"妈妈撇撇嘴："你就喜欢什么粉色啦、花边啦，俗气得很。你得好好跟我学学怎么选衣服。"女孩坚持己见："我就是喜欢花边嘛。"

像上面小女孩与妈妈之间，这种父母把自己的喜好强加给子女的错位的爱经常发生在我们身边。

（1）错位的爱的确基于好意

错位的爱的确基于好意，但错就错在没有建立在理解之上，没有"对上"对方的需求。也就是说，父母爱的角度的错误，往往是建立在"我认为对方需要什么"的基础上，而不是建立在"对方需要什么"的基础上。这种错位的爱，归根到底是一种以自我为中心的爱。这种错位的爱正在伤害孩子，父母需警惕。

有些父母"望子成龙、望女成凤"心切，一心想让孩子成为什么"家"，来实现他们这一辈子没有实现的梦想。这种错位的爱，父母是把孩子当作实现自己愿望的工具，而不是将孩子当成独立的个人。

（2）孩子到底需要什么样的爱

这样以爱为名，伤害着孩子，父母却不自知。我们需要远离这种错位的"爱"。那么，孩子到底需要什么样的爱？如何爱孩子，才能让孩子身心健康地成长？对此，我给父母三个建议，如图1-1所示。

尊重孩子　　不要在对孩子的爱上面附加条件　　接纳孩子的不完美，承认自己的孩子只是普通人

图1-1　让孩子身心健康成长的爱

首先，尊重孩子。女儿喜欢画画，妈妈偏让她按照自己的想法来发展兴趣爱好，因为妈妈觉得女孩子学舞蹈更有气质。

看似妈妈为孩子好，其实她没有尊重孩子的意愿，在倾听孩子的想法时没有把孩子看作一个平等的个体，这就是不尊重孩子。

真正有智慧的父母，懂得尊重孩子。

有这样一对父母，帮助孩子在电梯里贴寻物启事，让人很感动。内容是帮助孩子寻找丢失的卡册，父母在寻物启事上面写道：这是孩子攒了很久的卡片，是他很心爱的东西，如果您捡到了，请及时联系我们，非常感谢！

这样懂得尊重孩子的父母真的很有爱。

试想一下，如果这件事发生在你孩子身上，你会怎么做？你可能会说：自己的东西为什么不自己保管好？丢了就丢了，反正都是卡片，又不是什么值钱的东西。

或许很多事在父母看来微不足道，在孩子眼里，却是天大的事。孩子也有自尊，而且随着年龄增长，孩子的自尊意识越来越强。这时，父母要注意尊重孩子，并理解他。

其次，不要在对孩子的爱上面附加条件。真爱孩子只有一种，那就是不附加任何条件。无论孩子听话，还是不听话；无论孩子长得好看，还是不好看；无论孩子考了100分，还是50分……我们都要爱孩子，接纳孩子。

世上没有完美的父母，也没有完美的孩子。每个人都有这样或那样的缺点和毛病，但每一个孩子都是独特的，孩子成长的过程，就是不断改正自己的缺点和不足的过程。

父母只有无条件地爱孩子，才能真正理解孩子的感受，看到孩子的需求，给足孩子安全感。孩子也只有在这种环境里才能茁壮成长。

最后，接纳孩子的不完美，承认自己的孩子只是普通人。很多父母在孩子刚出生时，都觉得自己的孩子将来一定不平凡，一定是学霸，一定是上名校的料。于是父母开始各种"鸡娃"，1岁开始报早教班，3岁开始上各种兴趣班，5岁开始报补习班……可是到了小学，尤其到了初中、高中，很多父母逐渐发现，他们的孩子只是一个普通的孩子，当年被寄予上名校厚望的孩子，考所普通大学都不容易。父母便不再执着孩子的成绩，也不再"鸡娃"，只希望孩子能健康长大。

这是一些有伟大"抱负"的父母的心路历程，从感觉自己的孩子与众不同、智商超群，到发现孩子终归只是个普通人。

是的，我们的孩子大概率只是一个普通人，这一点，越早接受越有利于建立和谐的亲子之间的关系。

 **臧老师语录**

　　尊重孩子，平等沟通；相信孩子，对孩子保持尊重、同情、耐心、理解、支持的态度；不要对孩子的爱附加任何条件，不要试图控制孩子；不给孩子随意贴标签……

2 重新定义父母，
重启养育之路

不得不承认，中国父母养育孩子真的是用心良苦，然而很多家庭结出的是苦果——亲子关系不和谐。这不禁让人反思：父母和孩子要建立什么样的关系？作为父母，到底该如何养育自己的孩子呢？

（1）重新定义父母的角色

我们深知父母对孩子成长的重要性，正所谓"好父母胜过好老师"，可是当自己为人父母时，就被对孩子超预期的期待裹挟，导致角色错位。如何重新定义父母角色？其实，就是重新明确父母的岗位职责。父母的岗位职责是养育出一个身心健康的人，想要完成这个职责，需要从职责内容和父母的胜任能力入手。

父母的职责主要包括：建立良好的亲子关系、识别孩子的心理需求、帮助孩子建立健康的心理需求补给系统和负面情绪排泄系统。人的心理健康成长包括"补"和"泄"两方面，"补"是指充分满足心理的需求，而"泄"则是帮助排泄负面情绪。要想孩子建立这样的心理系统，父母需具备四种能力，即"看见"孩子的能力、有正确的教育目标、掌握养育的方法、提升养育的能力。

不同时期父母的身份，如图1-2所示。

前期是规划者
◎小学一到三年级时，孩子自控力不强。父母需要耐住性子，做好规划，有意识地帮助孩子养成良好的习惯

中期是引领者
◎到了小学四五年级，孩子的主动性开始增强。父母可以从规划者转为引领者，邀请孩子参与到养成好习惯的规则制定中来，培养他们的主观能动性和独立思考的能力

青春期早期是教育者
◎小学六年级到初一时，孩子开始进入青春期，自主意识更加强烈。父母要从引领者的角色转换为陪伴者，把关注点多放在孩子的心理变化上，让他们保持健康积极的心理状态，和孩子一起适应小学到初中学习节奏和生活的变化

进入完全青春期，是旁观者
◎初二到高三阶段，孩子完全进入青春期，自主意识非常强。这段时间无论是学习还是社交都会趋于更加复杂，孩子面临升学、早恋各种问题。父母要从教育者转变为旁观者，不要正面直接抨击他错误的行为

图1-2 不同时期父母的身份

（2）重塑亲子关系

想要重塑亲子关系，就要先梳理一下父母与孩子存在哪些不合理的关系，才能对症下药。

归纳起来，父母与孩子不对等的亲子关系主要有以下四种，如图1-3所示。

图1-3　不对等的亲子关系

第一种，奴才与皇帝的关系。法国教育家卢梭说："你知道用什么办法准能使你的孩子得到痛苦吗？这个方法就是百依百顺。"在这种家庭结构中，父母对孩子有求必应，无原则地满足，孩子要什么就给什么，甚至不顾给自己造成沉重的负担，满足孩子过分的需求。长此以往，孩子就会养成不体贴他人、不珍惜物品等不良个性。

第二种，奴隶主与奴隶的关系。有些父母恰好相反，强迫孩子服从，什么事都要按照他们的意见办，孩子一切都要听他们的，略有不从，就会喋喋不休地教育孩子，甚至用暴力解决。

英国近代哲学家洛克曾说："极严酷的惩罚好处很少，不，它在教育上的害处还很大，并且我也相信，受罚最重的儿童，长大了很少有成为人才的。"他还说，"那些受压抑的孩子，他们的态度是怯懦的，精神是抑郁的，很不容易振作起来，很难做什么事业。"

第三种，警察与小偷的关系。有一份调查显示：37.8%的中学生在家里有"被监视"的感觉；22.3%的中学生有"被审问"的经历；11.9%的中学生发现"父母趁自己不在时偷看过自己的东西"。做父母的成了"家庭警察"的角色。

在这种家庭结构中，父母既像警察，又像直升机，盘旋在孩子的上空监视他。有的父母每时每刻都在监视孩子的行动，孩子一离开自己的视线，就会打电话询问；有的父母天天在各个网吧寻找孩子，千方百计监视孩子的一言一行。孩子没有自由，没有隐私，没有活动空间，在家里就像小偷一样，做事鬼鬼祟祟。

对孩子的过度干预，一方面是出于父母对孩子的爱和责任心，另一方面是因为父母的自以为是。父母总希望将孩子塑造成自己认为应该成为的那种人，而孩子希望成为自己愿意成为的人，矛盾因此产生。

解决这种亲子关系，关键就是要从孩子的角度出发，多为孩子想想，进一步加强沟通，谈心，双方都要有所让步，只有目标一致才会双赢。如果不一致，双方相互对抗、消耗，结果目标就是两败俱伤，而干预越多失败越大。

第四种，牧羊人与小绵羊的关系。父母对孩子十分宠爱，时刻不离开孩子一步，含在嘴里怕融化，吐出来怕飞走。这样的孩子在家横行霸道，在外胆小如鼠，成了缺乏活力、难以承受挫折的"小绵羊"。对孩子的过度保护，等于废了孩子的功夫，给孩子打下了懦弱的烙印。

这四种不对等的亲子关系有没有戳到你的痛处？痛则需要通。每一个孩子都是一个独立的精神体，作为家长应该尊重孩子，以平等的姿态对待孩子，既不能一味地迁就孩子，也不能无视孩子的感受，而是要走进孩子的内心，与他一起前行。

 **臧老师语录**

孩子是一面镜子，照出的是父母的影子，想要孩子成为什么样的人，父母先要以身作则，让自己成为自己想让孩子成为的人，孩子才有可能如父母的愿。

3 父母比孩子更需要成长

为什么父母比孩子更需要成长呢？因为父母所有的努力孩子都能看到和学到，当父母变成更好的自己，孩子自然也会变成更好的自己。

（1）最好的教育是父母的言传身教

孩子成长初期，最喜欢做的就是模仿父母的行为。父母的一言一行随时影响着孩子，你想让孩子变成什么样，首先你就要成为你想要孩子成为的样子。所以，你说作为父母要不要不断学习？如果你不改变自己，孩子就只能继续复刻你的模样。

我有一个学员，她文化水平不高，但特别爱看书，十分上进。她儿子出生后，她对知识的渴望就更强烈了，除了大量的阅读，还考了几个职业证书。别人很好奇，带孩子已经很辛苦了，她怎么还有时间去折腾。对此，她解释道，与其将来"鸡娃"不如现在开始做更好的自己，把优秀的一面展现给孩子看。榜样照亮了孩子成长的路，她儿子3岁多就会背很多诗词，而且每晚都要跟着她一起看书。多年后，她儿子一直保持着良好的阅读习惯，成绩也是班里数一数二的。

别人说她有福气，生了个好儿子。其实生活是自己的，上进的父母对于孩子来说是一种骄傲的资本，孩子也会更有信心追求进步。

（2）相互鼓励，共同成长

父母的自我成长会引领孩子前行，而孩子也是父母前行的旅伴，因此相互激发，相互鼓励，共同成长，这才是教养最美的样子。不要因为你的"父母"头衔，就徒增压力；也不必因为"父母"的人设，而对自己要求过高。你只需要做好你自己，和孩子一起去探索、反思、成长。要知道，父母与孩子是共生共荣的。当你希望孩子敢于挑战困难的时候，孩子也希望在父母身上感受到不抛弃不放弃的那份坚毅；当你希望孩子乐观开朗的时候，孩子也希望在父母身上看到人格的魅力和不一样的格局；当你希望孩子幸福快乐时，孩子最想看到的，也不过就是父母脸上幸福的笑容。如果父母有这样的觉知，我想，这一定是最好的养育了。

 **臧老师语录**

　　养育孩子的过程，是父母自我成长、自我疗愈的过程。带着一颗愿意学习、愿意改变的心，不断学习、不断成长，成为能引领生命、能给孩子选择权的高素质父母！

4 母爱是个逐渐分离的过程

幼年和童年时，孩子对母亲是充满依赖的，需要足够的母爱才能获得安全感，才能让他心灵的土壤丰饶。可是，突然有一天，你会发现孩子与你渐行渐远。这是一种复杂的情感，你既希望孩子快快长大，又舍不得孩子渐渐远去，但这是每一个妈妈都要经历的。

（1）被需要的是妈妈，不是孩子

到底被需要的是你还是孩子？我们先来看一个妈妈的经历，你是否也有相似的经历？

阿美的儿子9月就要上三年级了，可是她儿子从出生到现在都是和她一起睡的，她每年都说要让她儿子独立睡觉，但每到真要实行就基本以失败告终。原因有很多，但最关键的是，阿美的种种顾虑阻碍了孩子的独立。她一会儿担心孩子半夜醒了找不到妈妈哭闹，一会儿又怕孩子一个人睡觉会踢被子。第一个没有儿子陪伴的晚上，阿美难以入睡，就忍不住推开房门去看看儿子，结果儿子睡得很香。这一幕，让阿美有点失落，平时一直哭天喊地要妈妈陪睡的宝宝好像根本不是那么需要她，被需要的好像是她自己。

阿美的经历是不是值得我们反思？太多父母打着爱孩子的旗号，感觉孩子离不开父母，不能独立，所以就不放手让孩子去尝试。其实爱是共同成长，而且在孩子慢慢长大后，你只要远远地关注着他就行了。

（2）母爱是一场得体的退出

所以，随着孩子年龄的增长，母爱是一场得体的退出，而不是对孩子恒久的占有。母爱的第一个任务是和孩子亲密，呵护孩子成长；第二个任务是和孩子分离，促进孩子独立。所谓"分离"，并不是放弃对孩子的关爱，而是慢慢调整关爱的方式。没有哪个母亲知道自己是从何时何事开始和孩子"分离"的，成长变化伴随着孩子的每一天，分离也伴随始终。

从孩子脱离母体开始，整个成长过程就是不断地脱离。脱离乳房独自吃饭，脱离怀抱独立行走，脱离监护单独外出，脱离供养自己赚钱，脱离支配发展自我，脱离家庭组建另一个家庭。父母从第一亲密者的角色中退出，让位给孩子的伴侣和他自己的孩子，由"当事人"变成"局外人"。最后是父母走完人生旅程，彻底退出孩子的生活。

不懂得分离的母亲，即使孩子成年、结婚，也要极力保留住对孩子的控制，喜欢一边事无巨细地包办，一边又抱怨孩子的无能。这样的母亲，潜意识里并不想让孩子独立。与其说爱孩子，不如说她喜欢对孩子全方位地把控，这种控制给她带来的成就感让她体会到自己的强大，让她对自己满意。

臧老师语录

世界上只有一种爱是渐渐分离的，那就是母爱。无论儿女，都要成长，长大成人后，他们就要独立承担社会责任和家庭责任。

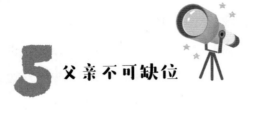

5 父亲不可缺位

不知从何时开始，"丧偶式"育儿成了中国家庭的常态，以致"爸爸去哪儿"这样的话题冲上热搜。可见，父亲这一角色在孩子成长的过程中参与度不足，甚至有的爸爸直接当起甩手掌柜，压根就不参与。确实太多忙于事业的爸爸缺位了孩子的成长，觉得孩子的教育有妈妈就够了，其实爸爸的参与太重要了。

（1）父亲的陪伴，是孩子力量的源泉

当孩子长到约13个月大时，会下地探索世界，这时候父亲是孩子的安全保障者。如果父爱缺失，孩子探索世界的勇气和欲望将会降低。一些男孩会缺失毅力、意志力、抗挫力等特质，养成懦弱、胆小、脆弱的性格，这与父亲角色缺失不无关系。

因此在学龄前，爸爸应该陪着孩子玩，做好孩子大"玩具"的角色。这个过程需要父亲花时间和精力去陪伴孩子一起成长，蹲下来与孩子对话，以适度距离守望着孩子。特别在孩子有需要的时候，父亲要毫不犹豫地伸出温暖而有力的大手，让孩子感受到安全和被保护，让孩子的内心变得更强大。

主持人撒贝宁曾说："人生的路虽长，但关键的只有那么几步，如果不是父亲的及时引导和陪伴，我的发展不会这么顺利。"

小升初那年，撒贝宁因为0.5分之差与重点中学失之交臂，因此一蹶不振。父亲担心他被成绩"禁锢"，二话不说就带着他去旅行，陪他认识知识以外的世界，并鼓励他："你只是没发挥好，机会还是有的。男子汉大丈夫，咱不能因为一点挫折就退缩不前！"

从那以后，撒贝宁不仅拥有了积极向上的心态，也拥有了面对失败时从头来过的勇气。这就是父亲带给孩子的力量。

英国文学家哈伯特曾说："一个好父亲，胜过100个老师。"

好父亲是孩子成功人生的导师，在孩子有需要时，父亲指引孩子紧握正确的人生方向，塑造孩子正确的三观和坚毅的品格，帮助孩子在曲折的人生道路上走得更远。

（2）缺乏父爱对孩子的影响

长期缺乏父爱，对孩子会产生怎么样的影响呢？如图1-4所示，会产生以下四种影响。

图1-4　缺乏父爱对孩子的影响

第一，影响孩子角色认同。父爱会影响孩子多种行为，其中包括影响孩子性别角色认同。父亲给予男孩以榜样的力量，给予女孩以安全感。研究发现，男孩在4岁以前，父亲角色缺失会使他缺乏男性力量，易于女性化；女孩在5岁以前缺乏父爱，在青春期与男孩交往时会焦虑、羞怯或无所适从。

第二，影响孩子个性品质的形成。父亲和孩子玩游戏，时常用刺激或激动的方式进行，孩子喜欢这样的表达方式，会逐渐表现出自信和乐观。用这样的方式，父亲在潜移默化地影响着孩子品质的形成。

第三，影响孩子智力水平。相对于母亲，父亲动手能力更强，如修理电器、车辆和修整园林等，使孩子对动手操作充满兴趣。孩子在动手操作过程中，能够激发探索欲、想象力和创造性。孩子动手实践能力越强，越能促进其智力发育。

第四，影响孩子社会化行为。在与孩子游戏过程中，父亲帮孩子建立游戏规则，培养规则意识。这种规则意识能提高孩子自我控制能力。研究发现，自我控制水平越低，孩子的问题行为越多；自我控制水平越高，孩子社会化行为水平会更高。

如果一个孩子在成长过程中缺少父亲的陪伴，当他长大以后，往往会缺乏理性和目标，甚至破坏规则和边界。

臧老师语录

如果在成长过程中，父亲疏于陪伴，忽略管教孩子，就会逐渐失去教育孩子的权利。等孩子长大了，父亲就只会成为孩子熟悉的陌生人。

6 创造条件，
给孩子输出爱的管道

6岁会做饭，8岁能洗碗，10岁带孩子……别人家的孩子果然厉害，连为父母分忧的事都可以做到遥遥领先。其实，谁家孩子心中都有一颗爱的种子，只是缺少了输出爱的管道。所以，父母要为孩子创造条件，搭建输出爱的管道，让孩子把爱往外流淌。

（1）给孩子一个输出爱的管道

有一个家长做了这样一个测试。

晚上下班回家，妈妈往地上一躺装病："哎呀！不行了，肚子疼死了！"

妈妈发现儿子继续玩他的游戏，看都不看她一眼。她才突然发现，8年了，养个白眼狼。

妈妈继续在地上装病："哎呀！真不行了。"妈妈想让儿子停止玩游戏，对他说："给我倒杯水可以吗？我记得当你肚子疼的时候，我倒杯水给你一喝就好了。"儿子终于行动了，他哆哆嗦嗦地把水倒进水杯，拿过来给妈妈喝。

这一刻她永生难忘，儿子终于流淌出第一滴爱，他开始为妈妈付出爱了。这是一个流淌爱的管道，让他的爱淌出来。

妈妈继续装病："儿子，还不行。"

儿子都吓哭了。

"我记得吃药就好了。"妈妈说。

儿子从抽屉里找来药："妈妈，你吃吧。"

妈妈吃了药，继续装病："哎呀，今晚不行了，没法给你做饭了。"

儿子说："我们订外卖吧！"

妈妈又说："儿子，我身体不舒服，不想吃外卖。"

儿子说："妈，今晚我来做饭！"

妈妈很吃惊，想到儿子要下厨，就差点装不下去。可是转念一想，要让儿子学会去表达爱，学会去关心别人，就要将戏演得更足一些。

果然，不测不知道，一测每个孩子都是宝藏孩子。他们的爱一旦流淌习惯了，他们就懂得"报得三春晖"，让父母"坐享其成"。

（2）爱做家务的孩子，将来更优秀

如果你也希望像上述案例中的妈妈一样"坐享其成"，就让孩子从小养成做家务的习惯。哈佛大学做过一项研究，将喜欢做家务的孩子和不喜欢家务的孩子进行跟踪调查，结果显示这两组孩子成年后就业率为15：1。这个研究结果让我非常吃惊，为什么差别这么大呢？对此，我持续关注了相关的研究，同时也做了一些调查，发现孩子从小爱做家务，长大后更优秀。

做家务，让孩子从中体会到助人为乐，让爱流溢出来。让孩子参与家务劳动，不仅有利于强化孩子的自理能力，还有利于他体验到成就感。比如，洗好衣服的时候，让孩子一起晾晒衣服；吃饭的时候，让孩子帮助摆放碗筷；扫地的时候，可以让孩子协助倒垃圾。每做完一件家务，父母要适时表扬孩子，让他从中体会到一种价值感，体会到帮家人做事的快乐。

做家务还能培养孩子的责任感。每个人都是家中的一员，家务是所有成员的共同责任，无论大人还是孩子都应该负责整理自己的东西，更有责任参与全家的家务。从小就让孩子为家庭尽一份心力，理解父母的不容易，将来长大了，孩子往往愿意承担起更多的责任，有良好的集体意识，也更加吃苦耐劳。所以在将来学业和工作上，孩子都会做出更多的努力，获得更好的发展。

 臧老师语录

　　父母与孩子之间的爱也应该是"双向奔赴"的，父母真正爱孩子，就要创造条件让孩子把爱输出来，而不要让包办的爱折断了孩子成长的翅膀。

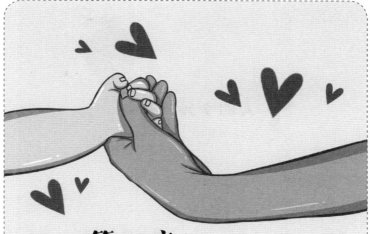

第二章
亲子教育的误区

　　教育家蔡元培说过："家庭者，人生最初之学校也。一生之品性，所谓百变不离其宗者，大抵胚胎于家庭中。父母是孩子最大的命运，亲子教育里，深藏着孩子的未来。"然而，在精心为孩子设计的这条育儿路上，很多父母误入了"歧途"，频频触碰亲子教育的误区。

1 大的必须让小的

孩子之间发生矛盾冲突时，多数父母会采取这样的教育方式：赶紧把孩子拉开，然后对着岁数大一些的孩子说，你是哥哥（姐姐），你让着弟弟（妹妹）。这种情形，想必大部分父母都很熟悉，也并不觉得这样做有什么问题。他们没有去想，也不愿去想，甚至理所当然地认为，一点小事而已，不用在意！

（1）你是大孩子，就让一让弟弟妹妹

真的只是一点小事而已吗？对大人来讲是小事，对孩子来讲不是的。我们来看一个案例。

每到周末做完作业，上三年级的小琳就会下楼和邻居几个小伙伴一起玩。和她一起玩的几个小伙伴，从幼儿园到小学

一二年级的都有，她是其中的大姐姐。这些小伙伴里，有脾气随和的，也有争强好胜的，有不合心意的事情就发脾气的。一次，一个幼儿园大班的小男孩做游戏输了，一下子就生气了，觉得小琳比他大，没有让着他，大哭大闹的。面对哭闹不止的小男孩，小琳的妈妈和小男孩的奶奶都走过来说，让小琳安慰一下小男孩，假装输给他。

小琳看这架势，更是一句话都不肯说，小琳妈妈只好对着小男孩说："是姐姐不对，她没让着弟弟，阿姨和你一起再玩这个游戏好吗？"

小琳特别委屈，她明明没有错，妈妈还总用"你是大孩子，得让着弟弟妹妹"这句话压她。几次后，小琳宁可关在房间，也不肯下楼和小伙伴玩了。

（2）"让"是一种伤害

这种不分矛盾冲突前因后果，就说"你是大的，你要让着小的"，不知对大孩子的伤害有多深。很多情况下，敏感的姐姐或哥哥会愤愤不平，会仇视弟弟或妹妹，甚至与父母和既得利益者交恶，以此来宣泄心中的不满。同时，这种处理方式，对小的孩子来说，也不是好事，这只会让小的孩子恃宠而骄。在陪伴孩子长大的路上，父母应该帮助孩子找到关系的平衡点，和孩子一起营造温馨和睦的家庭氛围。

 臧老师语录

　　父母动不动就说"因为你大，就应该让着小的"，这是最具杀伤力的武器。凡事平等，讲道理，有规矩，公平裁判，则其乐融融、自成方圆。

2 别人家的孩子
永远比咱们家的强

小时候比学习成绩，长大后比工作，比薪资，比婚姻，比孩子……从孩子出生开始，他最大的"敌人"是别人家的孩子。因为在很多父母眼里，"别人家的孩子"才是他家孩子靠近的榜样。

（1）别再涨别人家孩子的士气了

上小学五年级的小于高兴地抱着足球回家，一进家门就对着正在做饭的妈妈说："我们足球比赛得了区青少年组第一名呢！"

妈妈探出头来说："这有什么好骄傲的，你看张阿姨的儿子都进省足球队了，再说你其他成绩也不好，不要一天就光踢球。"

妈妈的冷水让小于情绪低落，他嘀咕道："你觉得她儿子厉害，让他给你当儿子。"说完，就砰的一声关上房门。

其实，小于妈妈这样说话无非是想激励自己的孩子，让孩子变得和别人家的一样优秀。但是这样做的效果很差，不仅没有激励效果，还给孩子的成长蒙上了阴影。每个孩子都是独一无二的，请父母不要再去"涨别人家孩子的士气，灭自己孩子的威风"了。

（2）攀比给孩子造成的负面影响

虽然这是父母的无心之举，但是长期攀比下去，就会给孩子的成长带来多种负面影响。其中有三个最常见的，如图2-1所示。

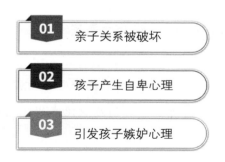

图2-1　攀比带来的负面影响

首先，亲子关系被破坏。父母老是拿自己的孩子跟别人比，孩子是非常反感的，甚至直接反驳父母："你那么喜欢他，让他当你的孩子好了。"这样，亲子关系在比较中被破坏。

其次，孩子产生自卑心理。父母总是拿自己孩子的缺点和别人孩子的优点对比，好像父母眼中自己的孩子都是缺点，孩子就会感觉自己样样不如别人，越来越不自信。

最后，引发孩子嫉妒心理。经常被别人比下去的孩子，可能会对他人怀恨在心，产生嫉妒心理，甚至报复心理。这就会对孩子的三观产生负面影响，容易诱发孩子不良行为。

所以，父母一定不要再拿自己孩子和别人家孩子比较了，没有人愿意被比下去。这样的比较，百害无一利。正如心理学家苏珊·福沃德所说："没有一个孩子愿意承认自己比别人差，他们希望得到大人的肯定，孩子对自己的认识也往往源于成人的评价。"

臧老师语录

父母应该对自己孩子大大方方地给予肯定，发现孩子的优点，让孩子变得自信。对于孩子的成长，不应吝啬赞美之词。你会发现，有了你们的赞美，孩子会更加强大。

3 长辈说的话，你怎么能不听

父母总认为自己年长，经历的事情多，在教育孩子的时候，就会不自觉地说，"我吃的盐比你走的路还多""如果你不听我的，将来有你后悔的时候"……你有没有觉得这些话很熟悉？是不是你也对你的孩子说过？

（1）不要陷入"经验之谈"的模式中

为了让孩子少走弯路，父母恨不得将这些压箱底的"经验之谈"倾囊相授。父母总认为自己年长，经历的事情多，不自觉地就陷入"经验之谈"的模式中，总是认为孩子应该听自己的，不听自己的就是会走弯路，犯错误。可是，很多时候，你那价值千万的经验对孩子来说可能一文不值。

小希是个性格开朗的中学生，一直也是父母心中听话的孩子，可是在填报高考志愿时，她和父母产生了分歧。小希的父母都是公职人员，所以就劝说小希选专业要考虑将来对考公有帮助的。小希并不想走父母的路，她想要靠自己出去闯一闯，所以拒绝了父母为她安排好的一条通畅的康庄大道。没想到，最后竟然连她的亲友都来劝说，小希很不耐烦。她的父母指责她，不尊重长辈，不听长辈的好意，将来有她后悔的时候。坚持了一段时间，小希妥协了，选择了一个她并不喜欢的专业。从此，一个开朗的姑娘就变成了忧郁的公主，父母再问她意见的时候，她只是轻描淡写地回答，你们决定就好。

（2）要怎么说孩子才会听

"经验之谈"不是万能的，还很有可能会使孩子找不到更适合自己的路，那么父母要怎样避免陷入"经验之谈"的怪圈中呢？

首先，与孩子沟通时，放低姿态，不要总以"过来人"自居。为什么孩子对长辈说的话不买账呢？是因为长辈与孩子说话的时候，总是摆出一副高高在上的样子，强把"经验"传授给孩子。长此以往，孩子与长辈的共同语言就越来越少，代沟也越来越大。想要孩子听你的话，父母就要和孩子一起分析事情的利弊以及由此带来的不同结果，然后共同做出决策。比如，案例中，小希的父母应该与小希一起分析不同专业的优劣，再做出选择。这样可以让孩子在开放式的探讨过程中做出合适的决定，体验到自己做决定的掌控感，并学习如何负责任地思考和解决问题。

其次，给孩子表达的机会。孩子是一个独立的个体，有自己的思想，有自己的人生。

所以，父母要做的是尊重孩子的选择和意愿，相信孩子能处理好自己的事情，并帮助孩子获得这方面的能力。遗憾的是，在很多家庭中，孩子往往是没有发言权的，慢慢地就成了父母心中理想的孩子——你家孩子真听话。或许父母会为此感到高兴，但可悲的是，孩子长大后可能会没出息。

最后，说孩子能听懂的话。对孩子发表"经验之谈"是出于好意，可是我们的很多好意也是随心所欲张口就来。当我们一遍遍地说，却看到孩子当耳旁风的时候，只知道动怒发火，从来就不知道反思自己说的话孩子能否理解，往往就会出现互相不理解的局面。

 **臧老师语录**

　　从小·过于听话的孩子，长大后会变成被宠坏的
"巨婴"。这不仅影响孩子的事业，还会影响到孩子
的终身大事。父母应当把握好各种分寸，教育出一个
真正有出息的孩子。

4 孩子"不打不成器"

虽然时代在不断地进步，科学育儿的方法不断地涌现，但还是有很多父母信奉"孩子不打不成器、棍棒之下出孝子"的教育观念。因为用这种简单粗暴的"武力"方式来教育孩子，可以快速地驯服孩子，更重要的是父母会感到很解气。在父母看来，只有让孩子在身体上感觉到痛，他们才能记住教训，才能成长得更好。但是，这种被人唾弃的"棍棒式"教育，真的对孩子有用吗？

（1）棍棒之下出逆子

其实，"棍棒式"教育用处不大，但坏处是不少的。父母长期压制性教育孩子，对孩子的身心健康的发展极为不利。

小杰的爸爸正上班，突然接到托管班的老师打来电话，说小杰把同学打伤，让小杰的爸爸马上过来一趟。匆忙赶到托管班时，小杰爸爸见到被打伤的小安哭哭啼啼，鼻子还在流血，脚也有伤口，小安父母面露愠色。小杰爸爸听完事情的来龙去脉，先给老师及受伤者小安的父母赔不是，接着转头就朝着小杰打了一巴掌，说道："快去给小安道歉。"说完，就拉着小杰向小安一家人道歉。老师和小安的父母看到这一幕简直是大跌眼镜，没想到小杰的爸爸说打就打。小安的父母见状，也没说啥便离开了。在回家的路上，小杰爸爸一边扬起拳头，一边大声责骂小杰。小杰缩着身子走在爸爸前面，一声不吭，只是时不时用胳膊护住头。据了解，小杰平时喜欢打架，是因为只要他犯错，就一定会挨打，所以他从小就学会打人。

其实，小杰爸爸这种简单粗暴的教育方式，只是在发泄自己的情绪，而且会对孩子造成难以预料的恶果。很多父母信奉的"棍棒之下出孝子"结果却是"棍棒之下出逆子"，小杰上初中后就敢还手打他爸爸，并且在青春期暴躁的性格变本加厉了。小杰的爸爸后悔不已，但除了以暴制暴，又无计可施。这样不能解决任何问题，"恨铁不成钢"更不能为自己的暴力开脱。当打完孩子，看着他身上的伤痕，无论你怎么后悔，都是于事无补的，只会对孩子造成难以愈合的伤害，最终酿成苦果。

（2）正确对待孩子的错误行为

父母会怒斥、批评，甚至动手惩罚孩子，大多数时候是因为孩子犯错了。可是，在成长过程中，哪个孩子不犯错误？你想一想你花高价买的电脑，因系统有漏洞不能正常运行的时候，你会怎么做？难道你会把电脑暴打一顿不成？当然不会，你只要修补一下漏洞，电脑又会正常运行。所以，面对孩子犯错，你要做的不是扬起拳头、挥起棍子，而是要冷静下来。等情绪平稳后，你可以引导孩子思考和反思自己的错误，让孩子根据自己的理解去识别和改正错误，并提出行动计划。在孩子承认错误和改正错误之后，要肯定孩子的大胆实践、积极思考和合理处理。在这个过程中，你应该以平和的心态、平等的对话方式、温和的表达方式来与孩子交流。

（3）营造积极、温馨的家庭氛围

想必大家都知道孟母三迁的缘由吧？就是要给孩子一个良好的成长环境。环境影响人是毋庸置疑的，如果孩子成长环境都是批评，他就学会指责；如果孩子成长的环境充满敌意，他就会好斗；如果孩子成长的环境都是鼓励的声音，他就会自信起来。所以，父母应该营造一个温暖和友爱的家庭氛围，多和孩子沟通交流，多讲一些温馨感人的故事，或者大力输入友善、信任等积极正面的价值观念。在这样的环境中潜移默化，孩子自然会成长为人格健全的人。

希望父母在用自己满腔的爱帮助孩子成长时，不要选择棍棒这种教育方式，给孩子营造积极、温馨的成长环境才是正道。

臧老师语录

孩子并非打不得，只要他不犯原则性错误，父母稳定的情绪、亲密的关系及和谐的家庭才能给孩子安全感，才能让孩子快乐成长。

5 学习不好，都是电子产品的错

一提到电子产品，很多父母恨得咬牙切齿，孩子一有空闲时间，电子产品就不离手，仿佛电子产品已经成为孩子不可或缺的玩伴。于是，父母把孩子不写作业、成绩不好、不爱说话等问题甩给了电子产品，认为是电子产品让孩子误入"歧途"的。

（1）成绩好的孩子也有玩电子产品的

玩电子产品到底会不会影响孩子的学习？我们先来看看两个家庭的孩子使用电子产品的结果。

老李的儿子上初中后，学习显然比小学紧张很多，但还是会玩游戏。老李夫妻两人一开始也是很担心，但反复思考后，还是决定开诚布公和儿子谈。没想到儿子欣然接受父母的建议，并且整个初中期间都保持优异的成绩。初三那一年，老李儿子主动提出他没时间玩游戏，但希望爸爸能替他打一段时间的游戏。老李见儿子全身心投入学习，就欣然答应了儿子这个"非分"的要求。最后是两全其美，老李儿子考上了重点高中，而他的游戏升级的事也没被耽误。

反观另一个家庭两个孩子用电子产品的情况，我们就不得不去反思。

王红有两个孩子，一儿一女，平时都是外公外婆带着，管教孩子完全没有方法，各种纵容。两个孩子，只要不上学或是不上辅导班，就抱着手机玩小游戏或不停刷短视频。几年下来，两个孩子不仅成绩不好，还都戴上了眼镜。王红很郁闷，觉得是电子产品害了孩子们。殊不知，是他们夫妻两人太忙了，根本没有时间陪孩子，孩子最基本的作业，他们很多时候都没有时间检查。

以上案例中两个家庭的故事告诉我们，玩不玩电子产品，和成绩好不好，并没有直接的关系。老李的儿子成绩好，但也会玩电子产品，而王红的两个孩子因为缺少父母的陪伴，内心缺安全感，缺边界感，于是和电子产品成了玩伴。

（2）电子产品要用之有度，成绩才不会差

我们现在的生活基本离不开电子产品，特别是几年的疫

情，孩子频频要上网课，电子产品都成了主要的学习用品。所以，父母不要谈电子产品就色变，而应该去教孩子如何正确处理与电子产品的关系。父母首先要和孩子一起做好使用电子产品的计划和时间管理，电子产品本身是不会妨碍孩子的生活和学习的，反而有可能促进孩子的成长。

既然成绩不好，不能让电子产品背锅，那到底是什么导致孩子不爱学习的呢？这就要从内因入手了，如图2-2所示。

畏难情绪

◎成绩不佳的学生会觉得学习是一件非常困难、无聊和令人疲惫的事情，如果能找机会逃避学习，他们会非常高兴

学习方法不当，基础知识贫乏，学习跟不上

◎孩子基础知识贫乏，学习跟不上，不能完成老师布置的作业。长此以往他们会失去学习的兴趣，从而厌倦学习

没有自信

◎有些孩子非常用功但是成绩不佳，时间久了，连自己也失去了信心。这些学生就会觉得自己不是学习的材料，开始厌倦学习

没有目标

◎许多学生不知道自己将来想做什么，没有明确的目标，所以一旦在学习中遇到困难，往往选择放弃，通常对学习没有兴趣

图2-2　孩子成绩不好的内因

找到孩子成绩不好的内因，父母就要对症下药，让孩子做到对电子产品使之有度。正如白岩松所说："电子游戏被孩

子和年轻人喜欢，当然有它的道理，不过有度永远应该是准则。"对电子产品的使用亦如此，把握好度，它就能助力孩子成绩的提高，更高效地学习。

臧老师语录

作为家长，要顺应经济时代发展趋势，合理挑选适合孩子学习的电子产品，引导孩子控制电子产品的使用时间和方式，做好亲子阅读教育和家庭环境教育，才能更好地掌控电子产品这把"双刃剑"。

6 小时候很努力，将来一定有出息

相信很多人从小都是在这种教育方式下长大的：父母总是会告诉你要好好学习，考个好学校，将来才能找到好工作。为此，父母把孩子的学习安排得满满当当的，想尽办法激励孩子去学习，去努力，将来才有出息。

（1）不输在起跑线上

有一位妈妈为了女儿不输在起跑线上，给7岁的女儿娜娜报了五六个兴趣班，每天放学后去上兴趣班就像"赶场"一样，周末都不休息。孩子很累，时常在路上睡着，甚至上课的时候都打瞌睡。有一段时间因为娜娜课堂上打瞌睡次数多，老师还找家长谈话了。娜娜曾向妈妈提出，她很累，不想学这么多。但每次妈妈总安慰女儿说："你现在多学点本领，将来才有更多选择的机会，才会有出息。"为了那个不确定的未来，这个妈妈笃定技多不压身，所以压在孩子身上的担子也越来越重。可是，这个孩子学习并不好，还产生了自卑、敏感等心理问题。

其实，孩子的时间被学习塞得满满当当，单纯地灌输知识，实施疲劳轰炸战术，往往适得其反。"不停地学习是一种方法，但弊端很多。"俄罗斯发育心理学专家克列皮宁娜如是说，"任何人都一样，孩子也需要私人时间和空间，要让他们充分奔跑、玩耍，这样他们才会有强烈的愿望学习新事物，这是形成新智力的阶段。否则，'不按时'学到的东西会被统统忘掉，而且还会对学习过程产生厌恶感。"

克列皮宁娜认为，孩子需要有让大脑整理的时间（也就是思考的时间），才能腾出更多空间奔跑，玩耍就是自然潜意识地整理学到的知识，这样孩子才会有强烈"学习欲"。

这不就是劳逸结合的道理吗？哪个父母不懂这个道理呢？但在很多父母看来成绩代表着未来，所以不管孩子愿不愿意、喜不喜欢，就给孩子报各种补习班、兴趣班，只要能让孩子的成绩上一个台阶，真是"在所不辞"。可是，我们发现身边有不少小时候成绩很好的学生，长大后默默无闻；也有一些小时候成绩一般的学生，长大后成为领域强者。

（2）四个特质让你培养出有出息的孩子

事实上，一个孩子将来是否出息，并不一定就是由知识水平来决定，性格、专注力、金钱观、创新意识等往往也起着关键的作用。想要知道你的孩子将来是否有出息，看看他是否具备以下四个条件。

第一，有良好的性格。我们常听到"性格决定命运"，却鲜有听到"成绩决定命运"，可见，相比成绩，性格才是将来是否有出息的关键因素。所以家长要让孩子从小养成良好的性格，比如诚实、勇敢、宽容、友善，这些品质对孩子日后步入社会期都非常有用。有耐心的孩子，做事也更细心，容易坚持下来。再就是孩子是否能够对人宽容，是否能够懂得换位思考，这样的孩子将来在职场才可以更好地生存下去。

第二，有较强的专注力。现在的孩子专注力普遍不高，如果你的孩子在做某件事时专注力很高，就要恭喜你了，他将比别人多一些坚定的力量。在对某件事情有极大的热情，并努力去实现的过程中，孩子会慢慢地养成良好的品质，长大后也更容易在复杂的社会上生存。

第三，有良好的金钱观。或许有的父母会认为，过早让孩子接触金钱，会让孩子变成世俗的人。但想要孩子长大能够有出息，对孩子进行财商教育是必不可少的。这就要求孩子有机会接触到金钱，所以父母不能够把钱管得太紧，给他们一些零花钱才是明智的选择。另一方面，父母也不能让孩子太在意钱，要让他们认识到金钱只是一种商品交换的工具，可以满足一些要求，但不能支配一切事物。这样孩子会对钱有正确的认知。我们经常可以看见有的小朋友小小年纪，就积攒了一大罐的硬币，这就是对钱进行储蓄的一种简单模仿，这样有利于孩子养成勤俭节约的好习惯。

第四，有自主创新的意识。由于应试教育，我们缺失的是培养孩子的创新能力。如果你希望孩子将来更有出息，就大力去培养孩子的创新能力。如果发现自家的孩子总喜欢提问题，有天马行空的想象力，对很多事物都表现出兴趣，说明他没有被世俗的世界侵扰，也比同龄人更有自主创新的意识，在将来会有更多机会抓住成功的尾巴。

臧老师语录

将来有出息从某种程度上来说，和成绩的关系其实并不大。与性格、情商、意志力和执行力相比，成绩是次要的，但性格好、情商高、意志力和执行力强的孩子，成绩一定不会差。

7 我这么做，都是为了你好

你问问身边的父母，十有八九都会说他们对孩子的爱是无私的，但他们时常说着这个世界上最自私的话，那就是"我这么做，都是为了你好"。真是为你好，好到受不了，亲子关系就是这样变差的。

（1）别用"为你好"伤害孩子

有一个家长在打骂他的孩子，一顿狂风骤雨，孩子被虐得泪流满面。他打骂孩子时说得最多的话就是"我这么做，都是为了你好"。

原来，他的孩子性格有些内向，在家里看到长辈不爱打招呼，在学校里见到老师同学也不爱理，总是一个人独来独往。

家长觉得这样的孩子一定没出息，再加上那几天他工作不顺利心情不好，就拿孩子出气。他骂孩子是个哑巴、窝囊废、不争气的东西等，骂得可狠毒了。这个家长完全没意识到自己的问题，每次骂完总要再加一句，"我是为你好"。

现实中有多少父母，每次和孩子意见有分歧的时候，往往放出终极大招："我都是为了你好。"此时，孩子沉默，父母得意，关系越来越僵。这句父母常挂在嘴边的话，看似饱含关爱，其实是以爱的名义向孩子提出他们达不到或不情愿达到的要求，站在"为你好"的道德制高点上，让孩子无力反抗。在心理学上，父母的这种行为被称为"高压型控制"，是情感暴力的一种。长此以往，父母和孩子之间就会形成一种扭曲的模式：父母忽视孩子的需求和想法，而孩子则拒绝与父母沟通，表现出各种抵抗和"不听话"。

（2）与孩子建立有效的沟通

所以，当父母想把自己认为"好的"想法强加给孩子的时候，有三件事，家长们一定要记住。

第一，不要拒绝与孩子沟通。或许他们的想法还稍显幼稚，考虑问题不够全面、客观，但希望父母能耐心倾听他们的心愿和想法，并予以肯定，然后帮他们补充、修正计划中的不足和错误。

第二，不要打着"爱"的名义，剥夺孩子选择的权利。每个人都是独立的个体，即使你赋予了孩子生命，也没有权利替他们决定将来成为怎样的人。

第三，不要让孩子对父母抱有愧疚之心。因愧疚而选择顺从，并不等于孩子认同父母的做法和决定。为了减轻愧疚带来的负罪感，孩子往往会压抑自我，做什么都是小心翼翼，时间长了很容易出现心理问题。

臧老师语录

教育孩子，不要再冠以"我都是为了你好"的美名伤害孩子。其实，"为你好"，简直就是好到让人受不了，它就像一把无形的枷锁一样，让我们最亲近的人，彼此伤害。

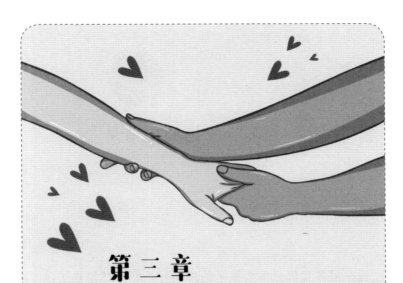

第三章
什么是正确的教养

　　家是人生的港湾。当父母结束了一天的奔波之后，只要一推开家门，就是一个可以尽情放松身心的世界。而对于孩子来说，家不仅是陪伴他们身心成长的居所，还是他们人生排名前列的"学校"。在这所学校里，孩子们学会的是比书本知识更重要的能力，包括礼貌、教养、沟通、规矩等。

1 教养在生活的细节里

现在很多父母只关心孩子的成绩好不好，却忽视了孩子的教养问题。相比成绩，教养更重要，因为成绩是一时的，而教养却藏着孩子未来的模样。家庭的教养，体现在孩子生活的细节里。这不是去哪所学校上礼仪修养课就可以实现的，家才是孩子教养的启蒙地，一个孩子的教养好不好不仅能看出他是个什么样的人，同时也反映了他的父母是怎样的人。

（1）教养源于生活，来自细节

在周末或节假日，我们时常看到很多家长带孩子出去玩，同时会带上衣物和吃的东西，可是很多家长却忘记提醒孩子把教养也一并带去。

有一次，几个家庭一起去露营。孩子正玩得很"嗨"的时候，突然一个小女孩哭了，家长转身一看，原来一个哥哥正拿着水枪不断向这个小女孩喷水，她的头发和衣服都湿了。小男孩的妈妈跑过来制止，一边安慰道："用纸巾擦一擦，晒一下就干了，哥哥只是想和你玩。"小男孩并没有认识到问题所在，一会又拿水枪喷别人，搞得其他孩子都不想和他玩了。最后要回去的时候，大家都忙着清理垃圾，小男孩却把垃圾当球一样踢来踢去，引得另一个家长批评道："这个孩子怎么这么没教养？"小男孩的妈妈却说："这里好多人乱扔垃圾，等我们走了有人会清理的。"说完，她带着儿子先回到了车上。

案例中小孩子缺乏教养与他妈妈的教育方式有莫大的关系，孩子没有教养源于父母没有做好榜样。教养源于生活，来自细节。作为孩子的第一任老师，父母要带头做起，从身边小事做起，将礼貌教育渗透在日常生活中，孩子就会在潜移默化中养成好习惯！

（2）细节见人品，你的教养藏着孩子未来的模样

最近，网上有一对父母的事迹让无数网友点赞。事情是这样的。

有一位家长带孩子去书店逛，结果孩子在书店"偷"了四

本漫画书，当时，这位家长也没有察觉。回家后，这位家长发现孩子坐一旁看一套新书，立马感觉不对。了解情况后，他写了一封道歉信，内容是这样的："你好！由于我教子无方，孩子在你店里偷了四本漫画书。本应本人带上儿子亲自来道歉，但贵店没开门，我给你放里面。对不起。"第二天一大早，这位家长将道歉信和漫画书的书款40元一起从门缝里塞进了书店。

同样是孩子犯错，父母截然不同的处理方式，给孩子成长的影响也是不一样的。为什么这个家长的行为会受到广大网友的点赞呢？因为细节见人品。父母的一言一行，可能潜移默化着孩子的人格塑造。你的修养，就是你孩子的教养；你的现在，很可能就是你孩子的未来。有教养的孩子，从小就懂得将心比心，懂得礼貌，懂得心里装着别人，懂得有所为有所不为。

希望天下所有父母都能明白，孩子如同一面镜子，镜子里反映的是你的教养，教育好孩子，从自己一言一行开始。

 **臧老师语录**

　　决定教育成果的，是父母参与孩子生活的程度。父母应该努力让教养的细节丝丝入扣，让家成为孩子教养的养成所。

2 让孩子学会与他人打招呼

见面问好，尤其是见了长辈要问好，这是一种传统的礼貌。中国是礼仪之邦，见面互相问好也是我们这个社会基础的社交礼仪，是孩子需要掌握的一项技能。

培养孩子的基础礼仪，让孩子学会见人打招呼，是父母给孩子的一项必要教养。

（1）孩子不愿意打招呼的原因

有些孩子不愿意和他人打招呼，大致有三个原因，如图3-1所示。

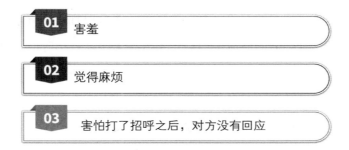

图3-1　孩子不愿意和他人打招呼的原因

第一，害羞。在父母看来，和他人打招呼是一件稀松平常的事，但孩子遇到不熟的人，可能因为脸皮薄，不好意思主动和他人打招呼。在这种情况下，父母要带头先打招呼，一来提醒孩子讲礼貌，二来告诉孩子如何正确地称呼对方。

第二，觉得麻烦。有时候孩子会觉得打招呼太流于表面，很麻烦。遇到熟悉的人，孩子们会想："反正天天见面的，何必每次都打招呼呢？"遇到不熟悉的人，又会想："反正也见不了几次面，打不打招呼都无所谓。"在这种情况下，父母要多带孩子参与家庭范围内的集体活动，并事先告诉他会遇到哪些人，如果孩子能和对方见面问好的话，这个聚会就会非常有意思。这样做可以让孩子先有个心理准备，到场后往往就会表现得好。

第三，害怕打了招呼之后得不到回应。当孩子先对别人说"你好""早上好""新年好"的时候，对方却没有回应，慢慢地，孩子会感觉打招呼越来越没有意义。这个时候就需要父母成为孩子练习的对象，每一次当孩子跟自己打招呼时，都应该给予及时热情的回应。当孩子不太愿意主动打招呼时，家长也要积极跟孩子打招呼，并得到他们的回应。

（2）教孩子打招呼的正确方式

了解完孩子不愿意跟别人打招呼的原因，下面再学习一下打招呼的具体操作方法，如图3-2所示。

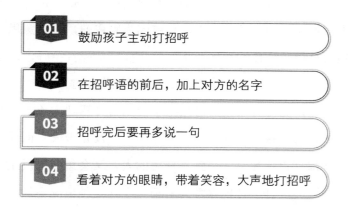

01 鼓励孩子主动打招呼

02 在招呼语的前后，加上对方的名字

03 招呼完后要再多说一句

04 看着对方的眼睛，带着笑容，大声地打招呼

图3-2　打招呼的具体操作方法

第一，鼓励孩子主动打招呼。"早上好"是开启新一天的社交用语，先开口的人会显得更具亲和力，所以要鼓励孩子主动去和他人打招呼。可别小看这一句"早上好"，只要有勇气说出第一句，胆子就会越来越大。

第二，在招呼语的前后，加上对方的名字。这样做，是为了明确是在对谁说话。被打招呼的人，会因为你喊了他的名字而有种被重视的感觉，也会觉得跟你很亲切。

第三，招呼完后要再多说一句。碰到自己的同学或朋友，打完招呼之后还有一段共处的时间，可以教孩子在后面多加一句话。加的那一句，一般是对方的模样、自己的感受、当天的计划等。

比如，"早上好啊！小明。今天我带了一本新的课外书来学校。"

如果对方能接上这句话，一天的话题就会随之展开，朋友也会增加。

第四，看着对方的眼睛，带着笑容，大声地打招呼。打招呼的时候看着对方的眼睛，是一种礼貌的表现，还要面带笑容，用对方能听清楚的声音打招呼。

以上方法虽然看似简单，但要想熟练掌握，还需要多练习几遍，才能显得自然而亲切。

臧老师语录

　　父母要教会孩子礼貌待人，与朋友真诚相待，互相关心，互相爱护，让孩子在社交中提高胆识和能力，感受到与人相处是一件快乐的事情。

3 做个"不讲道理"的家长

通常，父母最擅长的教育方式是什么？讲道理。尽管这种方式被众多家长推崇，但是实际中你会发现，家长即使把道理掰开揉碎了说给孩子听，孩子也无动于衷，到头来被感动的不是孩子而是家长。

（1）别再对孩子说一些自我感动的道理了

我认识一位妈妈，她很注重孩子的阅读，把孩子的书架塞得满满当当，每天回家都要问孩子今天看了什么书，然后絮絮叨叨讲一堆阅读的好处，"阅读能让你增长知识""阅读能让你以后上学做题目快"……郁闷的是，她儿子偏偏就是不爱阅读，很少拿起书，妈妈把书塞到他手里，他勉强翻几页就又丢开了。这位妈妈不知道，正是她反复灌输的道理，使孩子对阅读产生了一种任务感和被强迫感。

讲道理之所以没有效果，是因为这是一种错误的方式。正如卢梭所说："三种对孩子不但无益反而有害的教育方法是：讲道理、发脾气、刻意感动。"

（2）做一个"不讲道理"的父母

如何做一个"不讲道理"的父母？

其实，不仅是孩子，很多成年人面对喋喋不休的道理也是抗拒的，所以我还是建议你做一个受欢迎的"不讲道理"的家长。如图3-3所示。

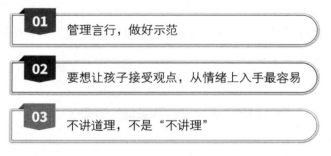

01 管理言行，做好示范

02 要想让孩子接受观点，从情绪上入手最容易

03 不讲道理，不是"不讲理"

图3-3　做个"不讲道理"的家长

第一，管理言行，做好示范。很多父母都和案例的妈妈一样，希望孩子爱阅读，但他们自己不停地玩手机或看电视。父母应该扪心自问：是否起到了榜样示范作用？要求孩子不看电视，自己也要少看；要求孩子回家就做作业，自己也要适时放下手机；要求孩子不发脾气，自己也要控制情绪，做到"不迁怒"；要求孩子有礼貌，自己也应待人有礼、谦逊友善。可

以说，一个"不讲道理"的家长，本身的言行就是"润物细无声"的教育。

第二，要想让孩子接受观点，从情绪上入手最容易。父母通过问答的方式，让孩子去思考，让他天性中善良的一面表现出来，这种方式屡试不爽。

第三，"不讲道理"≠"不讲理"。有的家长简单粗暴，三句话不对就上手，这种就属于"蛮不讲理"了。更有些家长，动完手却在事后美化自己的行为，通过煽情为自己的行为找借口，这更是深层次的"不讲理"。

总之，想让孩子懂道理，家长就要口头少讲道理，行为符合道理，这样孩子才能明白道理。

 臧老师语录

做一个"不讲道理"的家长，不是一点道理也不讲，而是在讲道理时注重方式，更注重行为教育。

4 唠叨是把小刀子

亲子关系中，并不是父母说话多就叫唠叨，唠叨是指那些随口而出的、不断重复的、总给人带来负面情绪的话语，它们既没用又不中听。

（1）唠叨是对"控制"感的不知不觉上瘾

唠叨的人，总以为孩子需要这些话，其实只是他自己的需要——"我已尽心尽责"的自我安慰罢了。生活中还有类似场景。

"你整天蹦来跳去，我都不能安稳地坐一会儿。"

"你自己怎么能行，你又没有自己上过厕所，被门夹到怎么？"

"乖乖坐着，别老弄那个椅子，你不烦吗？"

"你又不认字，翻书干吗？"

"别蹦了，坐下吧，小心摔倒。"

"你看看你，又把这个弄翻了。"

这位全职妈妈在家带孩子，一整天嘴巴一直唠叨个没完，几乎没一句是有用的话。也许这位妈妈的唠叨没有恶意，却是一种恶习，是对"控制"感的不知不觉上瘾。

（2）如何减少或避免唠叨

孩子最怕的就是父母经常性的唠叨。孩子认识世界的过程，是心理秩序建立的过程。在这个过程中，如果他的一切行为总是被阻拦，总被负面评价，他就会时时处于茫然失措之中。小小的人，既要发展自己，又要反抗外部压力，然后又要不断地屈服，经常处于这种纠结中，他本该正常建立的心理秩序就会被打乱，心理功能在某种程度上开始失效，无法对外界事物做出正常的反应，给人的感觉就是没分寸，鲁莽或傻乎乎的。

由此可见，唠叨对孩子身心灵成长弊端多多，所以一定要想尽办法减少或避免唠叨，如何做到呢？如图3-4所示。

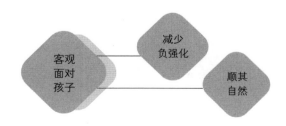

图3-4　如何减少或避免唠叨

　　首先，客观面对孩子。每一个孩子都不同，有自身的特点，也有缺点。父母需要反思，你要的是完美的孩子，还是优缺点并存的孩子？你是否可以接受孩子的一些不足？你是否允许孩子在某个方面表现得一般或不佳，而不去唠叨呢？

　　其次，减少负强化。孩子身上存在问题是正常的，可是当父母发现后就会不断提醒。但是孩子不会在你的提醒下变好，反而犯错的次数变得更多，问题更大了。为什么？因为父母在负强化，强化了他的不足，当然效果不理想。父母应该正常化，多发现孩子的优点，及时地鼓励与肯定。这样孩子自然会特别兴奋和努力，进步也在情理之中了。

　　最后，顺其自然。有些父母在面对孩子的问题时，感觉无从下手，这时候该怎么办呢？把问题交给时间，交给孩子，因为孩子本身有自我完善的能力。

　　"唠叨"一两句没事，但是父母天天唠叨对孩子造成的伤害，就像一把小刀子一样在不经意间一点点地把孩子的快乐情绪、自觉意识、自信力、好奇心、创造力、想象力、责任感、判断力都切碎了。

 **臧老师语录**

父母与其唠叨，不如少说、多听、多行动，适度放手，让孩子自己去尝试和探索。

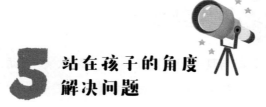

5 站在孩子的角度解决问题

很多父母总希望自己的孩子完成自己没有完成的梦想，对孩子充满期待。其实，这种做法不仅会引起孩子的抵触心理，还会伤害亲子感情。父母要明白孩子也有自己的爱好和理想，父母要做的是支持孩子发展自己的爱好和实现自己的理想，而不是将自己的遗憾强加到孩子身上。

对于父母来说，孩子是自己的未来，自然会把自己的希望寄托在孩子身上，当看到孩子发展不尽如人意的时候就会着急，这种着急的心态就会使自己的行为和语言失去理智。

本来想帮孩子解决问题，到最后却变成了对孩子发泄自己的情绪。面对这样的情况，就需要从孩子的角度解决问题，了解孩子看待这个问题的想法，找到孩子处理问题的出发点，或者说孩子处理问题的具体依据是什么。

（1）用孩子的思维解决困扰

如何站在孩子的角度解决问题？我们来看一个案例。

扎克是一个有犹太血统的老师，退休后，在一个学校的附近买了一栋房子安度晚年。搬进去不久，他发现每天都有一堆小孩在附近的小花园里打打闹闹，非常烦人。这让扎克心烦意乱，每天他连觉都睡不好。

终于有一天，扎克决定去和这帮小孩谈判。他把三个小孩拉过来，对他们说："孩子们，我非常喜欢你们在这玩耍，因为你们的玩耍让我非常开心。如果以后你们每天都过来玩耍，我会每天给你们每人1元。"

这几个小孩听完之后非常开心，玩耍打闹还能有钱拿，他们兴奋不已，更加疯狂地来玩闹。但是三天之后，扎克面带遗憾地对他们说："对不起，孩子们，由于通货膨胀减少了我的收入，从明天开始我只能给你们每人五毛钱了。"

小孩子们兴致不高了，但是无奈地接受了扎克的条件。

又过了一周，扎克又来对孩子们说："真的非常抱歉，孩子们，我的养老支票没有收到，以后每天只能给你们每人两毛钱。"

听到这句话之后，这几个小孩非常沮丧和愤怒。他们几个中有一个带头的说："得了吧，我们才不会每天为了这两毛钱玩耍和表演呢，我们以后再也不和你这个老头子玩了。"

就这样，扎克终于获得了清净。

很多时候你发现，当你遇到了困难，一味地用强硬的手段去解决，可能会适得其反。就像故事里的小孩子，如果老头子扎克强硬地命令他们离开，只会让他们产生更大的叛逆的心理，可能会变本加厉，以后还故意捣乱。

（2）多换位思考，让孩子乖乖听话

如果站在孩子的角度去思考，逐步去引导他们，问题就可能完美地解决。那么，到底要如何站在孩子的角度去思考呢？

首先，要了解孩子对这个问题的看法，也就是孩子是怎么理解这个问题的。无论大人还是小孩都是站在自己已知的知识层面内去理解问题的，由于彼此的认知层面的限制，会对问题产生不同的理解。这时你要找到孩子处理问题的出发点在哪里，或者说孩子这样解决问题的依据是什么，这样才能掌握孩子的真实想法，为帮助孩子解决问题打下基础。

其次，当了解孩子的想法之后，不管孩子怎么理解这个问题，都要对孩子的想法给予肯定的答复。孩子的认知水平有限，不要用成年人的评级标准来批判事情的对错。对于孩子而言，只要你看到他在努力解决这个问题，那就是他最好的表现，至于结果如何，随着孩子认知水平的提高，渐渐地会向好的方向发展的。

最后，肯定了孩子想法的同时，会提高孩子处理相关问题的积极情绪。这时的家长就要对孩子的想法进行适当的引导。这种引导就是让孩子在不同的解决方式中，体会到不同的感受。或者对于不同的问题，给孩子提供不同的解决方案，让孩子自己去思考和行动。

总之，做到站在孩子的角度考虑问题，需要父母积极倾听孩子的心声和需求，并尝试理解。这样可以更好地与孩子建立良好的家庭关系，帮助孩子成长和发展。

臧老师语录

如果父母想真正理解孩子，就要站在孩子的角度去思考，用心感受孩子的视角，才能看到很多成年人看不到的问题，这样才能对症下药，正确引导孩子的成长。

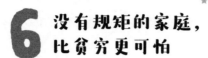

6 没有规矩的家庭，比贫穷更可怕

在孩子特别需要立规矩的年龄，你不给孩子立规矩，只会害了孩子。很多父母总是不舍得给孩子立规矩，可你要知道，你现在的不舍得，会让他长大后过得更艰难。你可以惯着孩子，但社会不会惯着你的孩子。也就是说，你不让孩子吃立规矩的苦，将来就要吃社会的苦。

（1）"熊孩子"出没，失败的言传身教

近年，不少"熊孩子"在公共场合出没，还频频冲上热搜。在上海迪士尼乐园，有个小男孩打了工作人员扮演的维尼熊几拳；某高铁上三个"熊孩子"踢座椅，引发互殴事件；有个小孩子在某餐厅疯狂捣乱，还破口大骂店员弄得店里一片狼藉……像这样的例子在生活中真不少，分析这些案例背后的原因，其中最重要的是家长的纵容。

　　一个不懂得帮助孩子立规矩的家庭，表面好像是为了孩子好，实际上是害了孩子，这比贫穷的家庭给孩子带来的伤害更大。也就是说，孩子能够轻易获得一切，久而久之，在他们心目中，已经没有"能"和"不能"、"可以"和"不可以"的概念以及界限。所以一发生什么事情，他们无法冷静思考，当然就会失去理智，做出一些不应该做的事情。

　　一旦有了规则，孩子心里就有了界限，他就会明白符合规则的就是能做的，违反规则的就是不能做的。久而久之，孩子就会形成这样的概念：在做一件事情之前，先考虑会不会违反规则。

（2）给孩子制定有效的规矩

　　那么，如何给孩子制定有效的规矩？如图3-5所示。

规矩要易懂，并且应该提前定
规矩应该具体、清晰、可操作性强
规矩一旦定了，就要坚决执行，发现违反行为规则要立即制止并惩罚

图3-5　给孩子制定规矩的法则

　　第一，规矩要易懂，并且应该提前定。定规矩时，要说明为什么要这么做，原因要讲解得很透彻、易懂，也就是说一定要让他认可，并且要经过他确认。只有这样，在他破坏规矩时，你的惩罚才让他心服口服并谨记在心。

第二，规矩应该具体、清晰、可操作性强。对于小孩子，大道理讲多了他听不懂，不耐烦，而且也不知道应该怎么做。

第三，规矩一旦定了，就要坚决执行，发现违反行为规则要立即制止并惩罚。千万不要让他有空子可钻，觉得不守规矩也没有关系；千万不要让他有侥幸心理，认为有不被发现的可能。所以，要有敏锐的发现能力，发现时不能睁一只眼闭一只眼；不能因为考虑到场合不对、伤面子等问题进行容忍，那样会让他学会在特殊场合破坏规矩。

只要掌握与孩子定规矩的法则，孩子就会完全照着你说的去做！懂得听从他人的正确指导，是孩子在塑造完美性格过程中的重要基础，也是孩子迈上成功之路的关键！

臧老师语录

在孩子成长的过程中，规矩才是孩子一生的"保护伞"。懂规矩，守规矩的孩子，才能走向光明宽广的未来。

第四章
这样做孩子将来
会成为个人物

每个父母都希望自己的孩子成为优秀的人，但到底应该怎样教育孩子，才能让他成为一个具有优秀品格的人？如何才能培养出一个内心强大，将来可以成为人物的孩子？

1 "用"大的孩子就是个人物

"宠出来"的孩子是"宠物","用出来"的孩子是人物。现实中,父母更多的是对孩子百般溺爱,无论孩子有什么要求,都想方设法去满足。这样教育出来的孩子,长大后基本没有自理能力可言,遇到困难不是立马退缩就是被困难击倒,根本无法在社会上独立生存下去。

(1)溺爱享乐酿苦果

几年前,有一个新闻上了热搜,20多岁的小伙子杨某因为太懒,活活饿死在家中。虽然杨某出生于农村家庭,家庭条件并不好,但父母十分宠爱他。杨某父母不舍得让其做任何事情,包括写作业。如果杨某在学校受到点委屈,父母就会去学校找老师理论。就这样,杨某慢慢地缺失了为父母分忧的意识，也不再去学校，生存能力更是没有。长期的溺爱让杨某养成了好吃懒做的习惯。18岁那年，杨某的父母相继离世，他也告别了衣食无忧的生活。堂哥给他介绍工地的工作，乡亲们给他介绍服务员的工作，他都不愿意去做，最终饿死在家里。

从这个案例可以看出，杨某真是被父母宠了成"宠物"，没有他人的照料，就会活活饿死。父母过于宠爱孩子，只会把孩子养成衣来伸手饭来张口的人。父母应该在孩子小的时候就开始培养孩子劳动的好习惯，帮助孩子提前建立克服困难、走向社会面对问题的应对能力。从孩子会走路开始，就让他扫地刷碗，拿个拖鞋，递个东西，扔个垃圾，等等。尤其男孩子越用越有担当，越用越有能力。凡是孩子自己能干的事，父母尽量不去插手，家里大大小小的事让孩子多多参与。父母做得越多，孩子成长就越慢；孩子做得越多，才能学会独立思考，才能成长得越快。

（2）孩子越用越顺手

孩子不能宠，要多使唤他，用大的孩子才是个人物。我们来看看另一个家庭是如何"用"孩子的。

贝贝六七岁的时候，她妈妈就把浇花的任务交给她来完成。对于这个任务，贝贝很乐意执行。每天起床后贝贝就会主动去浇花，在浇花的过程中，她会仔细地观察植物的变化。通过这些观察，贝贝变得越来越细心，同时掌握了更多和植物相关的知识。

浇花的任务完成得很出色，贝贝很有成就感，又主动提出要帮忙做其他家务。贝贝还学会了煎鸡蛋、煮面条等，上初中后贝贝还能做一桌拿手好菜。妈妈见到贝贝的成长，心里乐开了花，很是安慰！

这是多么美妙的感觉！为什么不使唤孩子呢？作为父母，对孩子真正的爱不是大包大揽，而是放手成全，允许孩子探索，允许孩子犯错。只有培养出孩子独立生存的能力，才是为孩子的未来作打算。爱孩子，从培养孩子把身边事打理好开始。

臧老师语录

一个人在被他人需要时，会更能体验到自己的价值感，进而产生强烈的责任感。所以，从小被父母使唤大的孩子将来才会成为大人物。

2 不要给孩子太多满足，尤其是男孩

很多家长总是倾其所有地满足孩子。这在物质更为丰富的今天，已是司空见惯。孩子得到太多满足，就一定很开心很快乐吗？未必。有一位妈妈这样说："我的孩子吃的、穿的、用的、玩的，什么都不缺，而且什么都是最好的，但他还总是不快乐。"什么都不缺，孩子为什么不快乐？

（1）孩子有求必应，就不懂珍惜

问题的根源，在于这个妈妈给了孩子太多满足。有期望的过程是快乐的，有追求的过程是幸福的。过于缺失固然悲哀，然而，过度满足却使人丢失了期望，磨灭了追求，不能不说也是一种悲哀，这可谓"过犹不及"。

孩子有求必应，因为父母认为再难也不能苦孩子，不然就觉得对不住孩子。然而，美好的愿望却结出了不美好的果子。

过度满足的弊病重重：孩子小小年纪就感觉空虚、无聊，欲望泛滥，不能节制，极端"自我中心"……

尤其是男孩子，不要给过多的爱护和关照，不要经常抱着他，以免太"恋母"。其实从生理上讲，男孩一般都和妈妈很亲热，生活上比较依赖妈妈，而把爸爸当作游戏的玩伴。女孩子则正好相反。

（2）让满足产生积极的作用

不给孩子太多满足，并不是说不要满足孩子，而是不要"过度"，要讲究满足的教育技巧，让满足产生积极的作用。

有一位家长采取"延迟满足"的方式，不是孩子有求必应，而是先吊一吊孩子的胃口。例如孩子提出要买钢琴，这位家长心里是同意的，但没有立刻答应，也没有直接拒绝。而是对孩子说，钢琴可是很贵的，你确定喜欢吗？能坚持练习吗？再说，买钢琴需要很多钱，我们需要计划一下。

接下来，这位家长就带孩子多次去有钢琴的朋友家里，让孩子看别人演奏，自己试一试，孩子的渴望越来越强烈了。家长又和孩子一起计划开支，鼓励孩子为此节约开支……当然，最后是满足了孩子。

有意义的延迟满足会让孩子觉得这架钢琴来之不易，满足的快感倍增，自然更加珍惜，下决心把钢琴学会练好。可见，教育意义就在于满足的过程。

由此可见，在孩子提出需要的时候，不要马上满足他，而要设置一些条件，让孩子在等待和坚持中获得他想要的，这样他会更珍惜来之不易的东西。这样教育出来的孩子，他能够经得起诱惑，能够控制好自己的情绪和行为，他的人格更独立，内心也更强大。

臧老师语录

不要一味地满足孩子，更不要一味地溺爱孩子，要教给孩子自立的本领，尤其是男孩，长大还要顶天立地，而不是当"妈宝"男。

3 教会孩子去竞争，而不是等长大后被淘汰

　　孩子从小到大，经历的都是一场场的竞技赛，"永争第一"是我们从小喊的口号。小时候父母还能帮孩子一把，成年后进入社会只能靠自己了。比如学业的竞争、求职的竞争、恋爱的竞争，最后到为人父母后子女之间的竞争，完全是一个周而复始的过程。

　　竞争无处不在，所以对孩子提出了更高的要求。没有竞争力，就意味着在社会上始终处于被挑选的位置，一个不留神就会被他人代替。

　　所以作为父母，要教会孩子去竞争，没有竞争力的孩子，将会被社会淘汰。那么，如何培养孩子的竞争力？如果父母能抓住以下几点，一切就迎刃而解了，如图4-1所示。

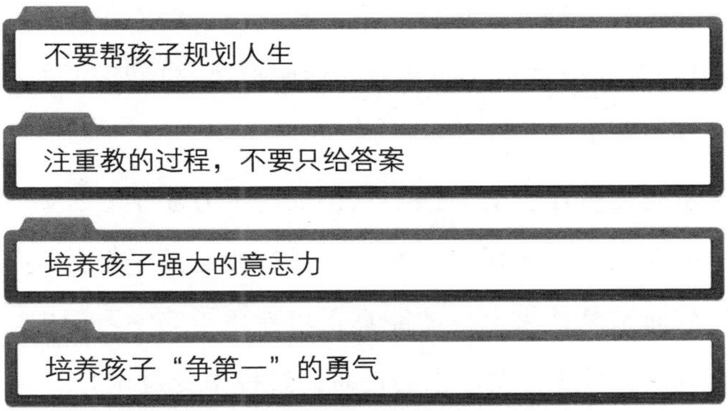

不要帮孩子规划人生

注重教的过程，不要只给答案

培养孩子强大的意志力

培养孩子"争第一"的勇气

图4-1　如何培养孩子的竞争力

（1）不要帮孩子规划人生

在职场上，"铁饭碗"已经成为过去式。没有一成不变的生活，也没有永远不换的终身职业。为了适应这个社会，孩子要学的是灵活应变，能够有效判断抉择。所以父母就要做到不帮助孩子规划人生。

孩子的成长是个漫长的过程，如果父母在起跑线上就给孩子规划好了路线，在未来调头遇到困难，孩子就会无所适从。因为这种规划限制了孩子的思考。这样培养出来的没有竞争力的孩子，将来很容易被社会淘汰。父母要做的，是给孩子创造更多机会，让孩子多去尝试，让孩子自己去做出决定。

（2）注重教的过程，不要只给答案

教育学家卡特说："教育的艺术不在于传授本领，而在于

极力、唤醒和鼓舞。"也就是说，教育孩子绝不仅仅是让他知道"1+1=2"这个结果，而是要让他明白"1+1=2"的原因，这就是教育的本质。

智慧的父母还会引导孩子从正反两个方面学着去研究，也就是"授人以鱼不如授人以渔"。只有激励孩子把关注的重点放在过程而不是结果上，才能真正培养孩子的学习能力。就算孩子没有得到最终答案，也会在研究过程中受益无穷。

（3）培养孩子强大的意志力

父母不可能陪伴孩子一辈子，孩子长大要靠自己去闯荡世界、迎接风雨。只有孩子内心强大，才会有取之不竭的动力源泉。因此父母要有意识地锻炼孩子的意志力，培养好的品质，比如勇敢、坚韧、顽强、乐观等。父母可以给孩子创造独立生活与学习的机会，比如尽早让孩子学会自理，鼓励孩子勇敢地独立外出参加夏令营等，这些办法都有助于磨练孩子的意志。

（4）培养孩子"争第一"的勇气

现代社会是竞争的社会，竞争就意味着有优胜劣汰，作为家长都希望自己的孩子出类拔萃。如果你想要孩子优秀，就要从小培养他敢拼的精神。那么，到底要如何培养呢？

首先，必须培养孩子竞争性心理品质。现在众多家长已逐渐认识到非智力因素的价值，非智力因素对智力开发有促进作用，是良好的个性心理品质。一个人竞争能力的强弱，取决于自身具有的竞争性心理品质的高低。所以，通过鼓励孩子争第一，培养其竞争性心理品质，才能使他成为适应社会发展的竞争性人才。通过竞争心理的培养，使孩子显得自信，愿意尝试别人不敢做或做不了的事，遇到困难会想办法克服，不达目的不罢休。这样的孩子愿意吃苦，容易发现别人的优点，更有助于磨练恒心和毅力，会不断进步。

其次，有勇争第一的目标。平时父母要注意多鼓励多创造机会，和孩子一起制定合理的目标，让他感受到压力，拥有更大的动力，通过自身的努力争得第一，取得成功。

臧老师语录

孩子在竞争中，想要取胜，不能只是去做，还要学会思考如何把这件事情做得更好，才是关键。在思考的过程中，孩子慢慢地去做，一次不行就来两次，逐渐地收获了耐心和专注力。

4 给孩子最好的营养品就是吃苦头

俗话说"吃得苦中苦，方为人上人"，给孩子最好的营养品就是吃苦头。然而，一提起"吃苦"，很多家长都会愁眉苦脸。因为，天底下没有哪一个父母愿意让自己的孩子去吃苦头，而且这好像也不是素质教育、快乐教育所要求的。

（1）别剥夺孩子体验酸甜苦辣的机会

从实验小学通往发电厂的大路上，人山人海，热闹非凡。马路中间是学生的队伍，几百名小学生，个个精神焕发，昂首挺胸地迈着大步，有的还不时跑步前进，追上前面的队伍……马路两边比中间还要热闹，人数比中间学生还多，阵势比中间学生还要杂乱，骑着自行车的，骑着摩托车的，甚至开着小轿车的。还有人不时向中间的学生队伍大声喊叫："别跑，慢慢走，别再摔着！""行不行啊，走不动爸爸带你一程吧！"从中间学生队伍中响起的却是这样的回应："谁要你帮啊？快回家吧，我能行。""烦死了你，同学该笑话我了！"

这是一所小学长途拉练的场景，行程5千米，低年级的减半。其实学校已经安排好，有相关职能部门的配合，还有医院的保障，孩子是不会出什么差错的，可家长们就这么不约而同地聚到了一起，说是给孩子"加油鼓劲"，其实是"保驾护航"。

其实，我们这里所讲的"吃苦"，只是让孩子适当地去体验生活中的酸甜苦辣，以达到磨练孩子意志的目的。如果我们的孩子从小就像不经历风雨的花朵一样生活在暖房里，他们所见的天日就只有那一点点，所能适应的温度也就只有那一点点，那他们如何成才呢？

（2）创造机会给孩子吃苦头

孩子不可能永远生活在蜜罐里，总有一天要走向社会，而社会既有晴空万里、风和日丽，也会有狂风暴雨、雷电交加。人生道路哪能一直平坦，坑坑洼洼、荆棘丛生在所难免，就要看孩子有没有跨越的本领了。你能保证你可以一辈子给孩子铺路搭桥吗？如果不能，就应该让孩子从小学会吃苦，学会独自面对生活和学习中的各种挑战。

在日常生活中，父母不应该让孩子只懂得享受，可以适当地给孩子特意安排一点"苦头"。家长可以带孩子参加一些像植树、打扫卫生等的劳动，到一些小山村去体验生活，等等。当然，在这个过程中，家长不要像搬家一样带足了用品和用具，要让孩子入乡随俗，到老乡家里买一些当地食品，让孩子真正体会当地的生活。如果在乡下有亲戚，则可以让孩子到乡下亲戚家去，找吃住条件都较为简陋的地方，和亲戚一起干活，让他亲身感受生活和劳动的艰辛，从而不再害怕学习和生活中的各种困难。这样，孩子长大之后，面对人生的各种艰难挑战，就不会被吓倒、压倒，从而成为生活的强者。

 **臧老师语录**

在适当的年龄让孩子吃苦，才是对他最好的教育。苦尽才能甘来，努力才有收获。

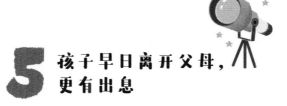

5 孩子早日离开父母，更有出息

（1）给孩子独立的爱才是真正的爱

小明的妈妈要出国参加一个研讨会。可是，一想到自己不在，儿子晚上睡觉一定哭闹，她心里又不免犹豫起来。有一次她正好感冒发烧了，为了不传染给儿子，就让他在小床上睡。结果儿子整个晚上都睡不安稳，哭了好几回，还不停地说要找妈妈，看着就让人心疼。从此这位妈妈就没再让儿子单独睡过。

想到这，小明的妈妈翻来覆去，怎么也睡不着，问了她老公几次，他永远是那句"尊重你的决定，孩子可以让他奶奶带"。哎，机会难得，可是万一在这10天里儿子有个什么不测，真是后悔莫及啊！小明的妈妈越想越头痛。

于是，小明妈妈用微信和一个朋友聊了起来。朋友是儿童心理方面的专家。对方跟她说："你这是典型的操心命，小明都4岁了，你还没有培养他独立睡觉的习惯。难不成跟娘睡一辈子？"

"是不是朋友啊，有你这么说话的吗？难道你放心让你女儿自己睡吗？"小明的妈妈说。

"我女儿？她出生一个月后，我就让她自己在小床上睡了。"朋友快速地回复道。

"真的吗？你真残忍！她不哭闹吗？"小明的妈妈急切地问道。

"心不狠，孩子永远都独立不了。刚开始当然有些不适应，但慢慢她就习惯了。现在她都独自在自己的卧室睡了。"

"啊，才3岁就单独睡一间卧室，你晚上能睡得安稳吗？万一孩子害怕怎么办？你也太没人情味了。"小明的妈妈吃惊地问道。

"这你就错了。动物都有一种爱护、保护自己后代的本能，更何况我们人类呢？但是对孩子真正的爱，不是溺爱，不是母鸡式地护着孩子，而是从小锻炼培养孩子独立生活的能力。看似残酷，其实这给孩子日后独立闯天下打下了良好基础。"

溺爱也是爱，不同的是，溺爱培养出的孩子就像温室里的花朵。而让孩子早日独立的爱，培养出的是经得住风雨的树苗。这两种教育方法孰好孰坏，相信大家心中有数。

（2）不离开父母，孩子就长不大

在西方国家，孩子从很小起就和大人分开睡，4岁就到自己房间去睡。其室内可以根据孩子意愿安排布置，屋里有他们喜欢的书籍、玩具，有供他们进行手工制作的各种材料。穿衣、吃饭等凡是自己能干的事都由孩子自己去干。

要想培养子女的责任感及独立意识，父母就不应该包办子女的事情，而是将子女视作独立的个体，给他们空间，让子女学习作为独立的人应该做的事。父母的首要责任就是让孩子懂得，一个人走向社会最终要靠自己，靠自立和自强，要对自己负责。

有本事的儿女在外面闯江湖，无能儿女会做啃老族，所以养育儿女，一定要让儿女洒脱，要有能耐，要征战沙场。孩子如果不能离开父母，长到80岁，也像个孩子不能成熟。

俗话说："人挪活，树移死。"因为离开爸妈，孩子才有独立的思考，才能展翅高飞，而大树底下寸草不生。破除"富不过三代"的魔咒，就是离开家。因为家是个不讲理的地方，家是可以偷懒的地方，家是可以撒娇的地方，家是可以耍赖的地方，所以在这种地方待得越久越不能独立，孩子永远就是"衣来伸手饭来张口"。

孩子早日离开父母，才能更有出息。

臧老师语录

与其担心儿女的未来，不如趁早把他们"扔出去"锻炼，否则他们很难成大才。

6 做一个 勇于承担错误的父母

我们平时经常说要尊重孩子、平等对待孩子，却很少落到实际生活中。在对待孩子做错事时，父母绝不能纵容，而当自己做错事时，也应该主动向孩子承认错误，向孩子道歉。

（1）父母不愿意承认错误的原因

敢于承认错误的父母，是孩子一面明亮的镜子。俗话说："人非圣贤，孰能无过。"在这个世界上，没有谁不会犯错误，为人父母也会犯错误。有错就改，本无可厚非，但是为什么很多父母不愿承认错误呢？如图4-2所示。

父母端着"长幼尊卑"的架子

父母不认为自己有错，认为"我是为你好"

维护父母的专断地位

不知道如何沟通

图4-2　父母不愿承认错误的原因

首先，父母端着"长幼尊卑"的架子，曲解"孝敬父母，天经地义"的观念，认为父母对时要顺，错时也要顺，不顺就是不孝。当孩子敢于说三道四时，父母便会说，你是在指责我吗？

其次，父母不认为自己有错，认为"我是为你好"。

有这样一个真实的故事。

一天放学，丽丽发现自己锁日记本的小抽屉开着，后来发现竟然是父母偷偷看她的日记本。她气得浑身发抖，去质问父母，结果父母说："你以为我们愿意看啊？我们这不都是为了你好吗？"还补充道，"万一你交了不好的朋友呢？你也不会告诉我们，我们就只能这样了。"

那一刻，正处在青春叛逆期的丽丽，真正体会到了什么叫心如死灰。她不明白为什么父母能这样堂而皇之地侵犯自己隐私，还振振有词说是为她好。

很多父母真的认为，在孩子面前自己不会犯错。然而"我是为你好"这句话背后的真相是什么？其实，很多父母的爱是有价码的，孩子必须听父母的话，"我对你那么好，你必须听我的，不能背叛我"。尽管那份爱孩子没法承受，甚至拒绝，但仍然拒绝无效，爱成为一种变相的控制。

再次，维护父母的专断地位。很多父母认为，轻易向孩子道歉，孩子会不把自己当回事。其实大错特错。这类父母存在一个误区，认为父母的权威来自控制。控制型父母习惯用专横霸道的方式，处处强调自己比孩子高一等，拥有不容置喙的地位，这样的父母通常容易忽视对孩子的关爱。缺乏关爱的孩子通常在心理健康、学业表现、亲密关系等方面会出现比较严重的问题。

而科学表明，父母的权威来自合理管教和关爱相结合。也就是说，给孩子设定合理的规则，还要善于关注孩子情绪。懂得包容和接纳的父母，更容易赢得孩子的尊重。

最后，不知道如何沟通。很多家长在孩子面前普遍含蓄内敛，习惯把爱埋在心底，不愿意开口表达。父母做了错事，通常不会说"对不起"，而是在开饭的时候喊上一嗓子"你吃不吃"，表示自己服软了。这就是他们道歉的方式，有些笨拙又带点倔强。

因为家长的不善于表达，不会沟通，有多少孩子直到长大成人，都没等到过一句正式的道歉。

（2）父母道歉要有方

那么，父母应如何正确地道歉？正确道歉的六要素是：表示懊悔、陈述错误、承担责任、做出保证、提出补偿、请求原谅。

诚恳的道歉可以缓和亲子冲突，建立良好的沟通关系。同时，家长能正确道歉，对孩子的性格塑造也具有重要的意义。父母能正确道歉，对孩子的成长有以下三点好处，如图4-3所示。

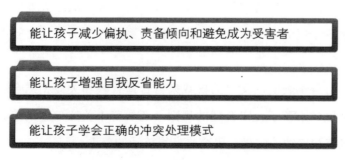

图4-3　父母正确道歉的好处

很多父母认为，管孩子是天经地义的，别说是发脾气，就是打几下也没什么大不了的，误会了孩子更不算什么事，还用得着向孩子道歉吗？

提倡向孩子道歉，是希望家长从小事真正做到尊重孩子、平等对待孩子。只有父母树立了好榜样，孩子在犯错的时候，才会承认。父母最重要的是控制自己的情绪，不要动不动就发火。假如父母经常对孩子发脾气，他们还能感受到爱，还能感受到尊重吗？如果父母发脾气伤害了孩子而不道歉，孩子又怎么会爱你、尊重你呢？

父母也不是完美的，当发现自己做错了，要郑重向孩子检讨，而不能为了面子，更不能以父母的权威去伤害孩子。尊重孩子、平等对待孩子不该流于口号，应该从生活中的小事做起。

臧老师语录

强调父母向孩子道歉，并非道歉本身，归根结底，孩子在意的并不是"对不起"三个字，而是背后的尊重和重视。只有被重视过，他才会更有自尊，才有底气去追求幸福。

7 给孩子最好的礼物 就是培养他看书的习惯

读书是认识世界的第一块基石，要教育孩子从小养成读书的习惯。但是有的家长会问，小婴儿不识字，难道也需要阅读？

（1）阅读让孩子拥有更独到的见解

我们举一个例子，做得栩栩如生的画册可以让孩子产生阅读的兴趣，但是这么小的孩子看不懂，是不是他就不用阅读了呢？此时让孩子看书，并不是期望孩子能学习多少知识，而是希望孩子从小养成阅读的好习惯，长大后才能博览群书。如果一个孩子不懂得阅读，就很难博采众长、博古通今，也很难有独到见解，遇事总是人云亦云。这样的孩子缺乏独立性，因为他没有独立的人格。

孩子独立人格的培养，很大程度上是从阅读中获得的。这是孩子认识世界的第一块基石，对于日后的语言能力以及心理认知能力的培养，都起着重要的作用。

小飞的妈妈从小就培养他爱阅读的习惯。她从书店买了很多书，每天散步回来，都会读书给小飞听。她说："有时，书店有新书读书会，我也带着小飞去听。渐渐地，小飞的阅读习惯就养成了。"

小飞的妈妈认为，培养孩子阅读，不能功利，而是要培养孩子的认知能力。至于孩子能学多少，学的效果如何，父母不应过于关心。

自从小飞的阅读能力大幅提高后，他对很多事情就很有自己的看法。比如，有一次父母带小飞去参加一个社区运动会。当时有两个观众为了抢座位而发生争执，面对此情此景，小飞的爸爸批评两个人不懂得礼貌、不懂得谦让……

小飞听了，并不完全认同父母，他说道："我觉得也不能全怪他们，关键在于举办运动会的人考虑不周，应该多设置一些座位，这样就不会发生吵架的事情了。"

听到这，小飞的妈妈不禁佩服起孩子来，小飞真是厉害！小小年纪，不仅不会人云亦云，还能看到事情的另一面，透过表象看出本质。

孩子这么强的思考能力是从何而来？小飞的妈妈在思考，原因可能有很多，但良好的阅读习惯绝对功不可没。小飞的妈妈认为，遇到问题，要多思考，不要认为别人的观点是绝对正确的，凡事都可以提出自己的看法。

（2）阅读是孩子未来竞争的软实力

读书使人明智，说得一点也没错。其实，很多孩子也不缺乏阅读，不过大多数读的是与考试有关的书。如果孩子把过多的时间放在课外读物上，父母就会告诫他们把时间和精力放在学习考试上。结果，造就了不少"高分低能"的孩子。

这么做只会妨碍孩子的思考能力，也会影响孩子独立人格的养成。这样的孩子是不完整的。如果你也是这样的父母，就让我们一起努力吧，把培养孩子看书的习惯当成给孩子最好的礼物，让孩子成为完整的人。

臧老师语录

书是陪伴终身的朋友和老师，阅读是提高学习力的重要方法，阅读还可以使孩子更好地建立自信。

8 把孩子当别人家的孩子养

在教养孩子这件事上，如果父母能适当有所抽离，把孩子当别人家孩子养，或许会更加心平气和，不至于急功近利。一个受尊重、被礼遇的孩子，更有可能成为一个健康、完整、优秀的人。

（1）尝试做一个事不关己的旁观者

当自己的孩子考试成绩不好时，父母很容易陷入焦虑，担心孩子到底出了什么问题，甚至对孩子冷眼相向。孩子也会在这种家庭冷暴力下，怀疑自己，怀疑人生，更加不爱学习，更加自闭，不愿意面对同伴，此时孩子的内心也是煎熬的。

如果是别人家的孩子没考好，你会怎么对待呢？"关我啥事"——想必这四个字是家长的心理最真实的写照，事不关己高高挂起。如果你能做一个事不关己的旁观者，把孩子当成别人家的，就能做到"母慈子孝"，就能让情绪平和下来，从而选择理智的方式来提醒和帮助孩子。孩子才更乐于接受父母的指导和建议。

把孩子当别人家的孩子来养，其实是给孩子足够的空间和时间。养育孩子就像养花一样，父母不要着急，不要焦虑，要有耐心，给孩子足够的水分、阳光和土壤，总有一天，会开出最美的花。

（2）不失礼，要得体

回想我们小时候，是不是也非常讨厌父母一直叫我们读书，却不给我们一点空间，一旦考试失利，迎接我们的就是狂风暴雨呢？很多父母的不信任和管制，在孩子心中留下很深的印记，孩子直到成年后为人父母，依然没有释怀。然而一个不经意，我们也活成了那个让人讨厌的父母。

为什么把孩子当成"别人家的孩子"培养和教育，有时效果会更好一些呢？如图4-4所示。

保持距离感

◎距离产生美。亲子间一定要保持分寸，远而不疏，远而不离

彼此尊重，文明礼待

◎每个人都有个人空间，做到彼此尊重，礼貌相待，相处就会更舒适

多夸奖多赞美多鼓励

◎把给孩子打气加油变成日常节奏

不骄不躁，不成天"恨铁不成钢"

◎父母的沉稳会给孩子更多安全感

不再急功近利

◎会耐心静待花开，因为那是"别人家的孩子"

允许孩子发泄情绪

◎孩子的心有时很娇嫩很脆弱，父母要允许孩子慢慢长大

做孩子灵魂上的摆渡人，生活里的良师益友

◎父母像朋友一样陪他一起学习，一起进步

学会"欲取之先给之"的道理

◎要想孩子成为天使，父母就不能一副凶神恶煞的样子

用好的品质影响孩子，培养孩子健康成长

◎18岁之前，把孩子塑造成什么样基本就什么样了，所以，不要错过精心培育的机会

图4-4　把孩子当别人家孩子养的好处

尤其是当父母控制不了自己的坏脾气时，就想想这可是"别人家的孩子"，你可能马上就和颜悦色了。不失礼，要得体，亲子关系更甜蜜，孩子更能活出自我，更能活出生机勃勃的样子。

臧老师语录

把孩子当孩子养，他永远是孩子，长不大；把孩子当人养，很快成人；把孩子当社会人养，很快就成为人才；把孩子当别人家孩子养，很快成为人物。

9 家长如何培养出足智多谋的孩子

智谋是什么？它对孩子未来的成功重要吗？

智谋是发现和利用现有资源来实现目标、解决问题和塑造未来的能力。足智多谋决定并塑造了我们的未来，有哪个父母不希望自己的孩子成为生活的创造者，以实现自己的理想目标？

当孩子获得计划、组织、决策和解决问题的经验时，就会学习使用和应用知识，这些技能一起构成了智谋的基石。当孩子可以推测多种结果，设定自己的目标，尝试新的方法，应对挑战，他们就在知识和实现目标之间建立了重要的联系。

考试分数并不是智谋的唯一指标。事实上，一些成绩好的学生却在解决日常问题方面存在困难。足智多谋需要的不仅仅是认知技能，还有情绪上和智力上处理信息的能力。

作为父母，可以通过日常实践来帮助孩子变得足智多谋，为孩子打造良好的家庭环境，鼓励孩子提前计划、制定战略、设定重点和目标、寻求资源，同时监督他的进步，让孩子变得更加机敏、有智谋。

以下几个方法，可以帮助你的孩子变得更加足智多谋。

（1）教会孩子解决问题的原则

解决问题的四个简单原则，如图4-5所示。

图4-5 解决问题的四个原则

当孩子学会四个简单原则，并运用到生活的各个方面时，孩子就具备了解决问题的基础。

（2）让孩子参与决策

让孩子积极参与家庭决策，比如每天吃什么，去哪里玩，看什么电影，如何分配家务，等等。让孩子在这个过程中学习如何决策，提高技能，增强自信。孩子可以在辩论、谈判以及与他人交流思想和感受方面获得经验。定期召开家庭会议，有助于加强孩子的合作能力和实现目标的能力。

（3）促进独立和合作

独立和合作看似对立，实际是孩子变得足智多谋的必要条件。孩子需要决定哪些任务独立完成，哪些需要合作。当你的孩子主导项目计划时，他们会直接体验到失败和成功的滋味，学会怎样从失败中吸取教训。

（4）鼓励孩子使用科技

技术可以帮助孩子变得更机敏，更有效率。例如，思维导图可以帮助孩子更好地理解问题，并通过形象化的联系来设计计划，勾勒出问题的不同方面，并决定下一个步骤。电子记事本、笔记程序和时间轴软件等，可以帮助孩子更好地完成计划。

（5）积极的怀疑主义

足智多谋的孩子，能够看到一个问题的多种解决方案，而这需要一些怀疑精神。当孩子学会质疑，而不是无条件地接受别人观点时，才有可能成为机敏有智谋的问题解决者。

（6）放弃完美主义

完美主义往往影响孩子实现目标的能力。父母可以帮助孩子避免完美主义的陷阱，比如，不仅关注孩子学习成绩，还关注孩子学习过程，帮助孩子设定现实的目标。

（7）多让孩子读读历史

孩子年龄小的时候，世界观还没有形成，精力旺盛，理解能力强，多读史书，对孩子的性格塑造很重要。所以，父母要早一点去引导，刻意训练，尽早给孩子多买历史书看。读史可以明智，历史是孩子格物致知的必修课。历史书中，天子与诸侯，谋臣与名相，诸子百家，世人绝唱，他们的人生际遇、功过成败，会给成长中的孩子许多人生启发。

臧老师语录

足智多谋的孩子，不仅善于实现目标，在压力下反应也更好。

第五章
父母的语言力量

　　和孩子的沟通是一门艺术，每个孩子都站在父母的舌尖上舞蹈。童年里越多消极的语言暗示，孩子成人后往往越自卑越焦虑。每个自信又积极的孩子背后，都站着一对善于鼓励的父母。父母的鼓励，是孩子勇往直前的动力，每个孩子都是一颗独特的星星。

1 毁掉孩子最快的就是父母的语言

有一位女士，她的先生有一天晚上出去应酬了，晚上11点的时候还没有回来，电话也打不通。这个时候这位女士的恐惧感就出来了，他在外面会不会怎么样？会不会被其他女人看上？会不会出车祸？会不会喝了酒开车？当恐惧感出来的时候，就开始控诉和指责。

对孩子的教育也是一样的。如果有一天你的孩子数学考了60分，你内心的恐惧被激发了，你可能就会批评、指责、说教，甚至进行暴力攻击。

使用谩骂、诋毁、蔑视、嘲笑等侮辱歧视性的语言，会导致孩子的精神上和心理上遭到侵犯和损害，属精神伤害的范畴。

（1）别用过激的语言伤害孩子

很多情况下，语言暴力源自不平等的相互关系，受害者通常缺乏自卫的力量，未成年人遭受的语言暴力就属于这一类。在家庭教育中，经常"恐惧教育"的父母，总爱用过激的语言伤害孩子。父母对孩子说过激语言就是对孩子实施软暴力，这种语言伤害有时比痛打孩子一顿更严重、更可怕。但是，很多家长并不能认识到它的严重性，还是一如既往地对孩子实施语言软暴力。

现实生活中，语言伤害造成孩子走向极端的事例屡有发生。很多情况下，孩子就是被父母的话逼得走投无路了，才走上绝路的。

在孩子与家长之间存在分歧时，家长为了让孩子屈服，就利用孩子对父母的依赖性强的弱点，动不动就说："滚得越远越好！""你真有本事就别回这个家！"当孩子考试不理想时，家长会说："才考这么几分，我怎么会生出你这样的孩子，都不知道丢人现眼。"

家长说出这些话无非有两种目的：一是发泄自己心中的不满情绪，二是让孩子知道耻辱而更加奋发图强，给自己争口气。第一个目的显然家长是轻松达到了。而第二个目的恐怕是要落空的，孩子是要给自己争口气不假，但不是奋发图强，而是像个英雄一样走了，再不回头，即便是做傻事也不会向父母低头。

摧毁孩子最快的，不是游戏，不是贪玩，而是父母的语言暴力。它就像魔咒一样，在孩子体内生根发芽，在生活的方方面面如影随形，挥之不去。父母对孩子的比较、否定、批评、指责、忽视、打击、大吼大叫、冷嘲热讽等语言暴力，都会对孩子的性格产生深远的影响。

（2）父母的语言暴力

家庭暴力环境下成长起来的孩子，一方面努力疗愈伤口，另一方面努力做到再也不能像父母那样对待自己的孩子。他们更容易有内在评判，习惯性地自我否定，认为自己一无是处，无论取得多么骄人的成绩，总感觉不到有多大价值。

有一个身价千万的女企业家，创业十几年，小有成绩，但她从未感受到真正的自豪和快乐。原因就是爸爸一句"怎么生了一个丫头片子"，不满意她是女孩。婚后她带着孩子第一次回娘家，大包小包的，手里还抱着孩子，爸爸又爱又气地说："我看你一辈子就这样了，没有一样能干好干利索的事。"

这些话就像魔咒一样进驻她的心里。尽管她勤勤恳恳创业，还培养了两个优秀的孩子，在别人眼里是各种羡慕，但她从来没有觉得自己做得有多好，创造了多少价值，没有一点幸福感。每天挂在她嘴边的话，就是"我已经尽最大努力了"，这可能是在无意识地回应爸爸之前对她的否定、打击和批评。

一个常常受到父母责备的儿童，往往会有这些表现：自卑、缺乏自信、冷漠、倔强、残酷、盲目、不老实等。一个从小被父母吼大的孩子，以后生儿育女了，即便十分想对自己的孩子保持平静，也很难做到。很容易又回到父母的模式里，看到大吼大叫的自己，会讨厌自己的样子，会怀疑怎么又活成了父母的样子。这进一步导致越来越不爱自己，越来越控制不住自己的情绪。这种影响几乎是永久性的，给自己带来无尽的痛苦。

面对父母的语言暴力，孩子的弱小不能与大人形成抗衡，他们会把自己的真情实感隐藏起来，不再敞开心扉表达，封闭内心，影响人际关系。

有一位心理学硕士，因为8岁时父母对她和邻居家小朋友过家家的事小题大做，不分青红皂白把她一顿批评、指责和吼叫。当时8岁的她，大脑一片空白，又惊吓又羞愧，简直无地自容。

从此她和父母的亲子关系就停留在8岁那件事的时候。她把自己封闭起来，对父母叛逆，不愿意和父母真实沟通。为了走出自我，她大学学习了心理学，并从事了心理行业的工作，疗愈了好多年，取得了许多骄人的成绩。按说这个问题应该解决了才对，但事实并没有，亲子隔阂不是一天两天就能融化的。

语言暴力就像万箭穿心，留给孩子的是遍体鳞伤，不是想好就能马上好起来的，即便能好起来也需要足够的时间和爱。

 **臧老师语录**

毁掉一个孩子最简单的方式就是父母的语言暴力，它会把孩子逼疯，这也是摧毁成年人面对世界最后的自信和勇气的利剑。

2 正面语言的神奇力量

　　毁掉孩子最快的方式就是父母的语言，而成就孩子最好的方式也是父母的语言。换句话说就是，如果你与孩子沟通交流时使用正面的语言，就会有一股神奇的力量产生，呈现的可能是"父慈子孝"的动人画面。

（1）换种方式表达

　　然而，我们见到更多的是折磨人的画面。为什么会这样呢？接下来，我们结合案例来分析这一现象背后的原因。

　　叫孩子写作业，应该是很多父母的日常功课，特别是妈妈。孩子放学回来，妈妈就会对孩子说："宝宝，快点去写作业，不要再玩了。"妈妈提醒了几次，孩子还是无动于衷，不停地打游戏。直到妈妈嗓门提高，脸色难看："你到底写不写，你连个作业都不能写，将来能做什么？"这时候孩子开始动笔写作业，可是没一会儿，他就说笔坏了，一会说橡皮不见了，一会又说要上厕所。见状，妈妈又把孩子数落一番，好不容易消停一会，走过来一看，还有几道错题，顿时气不打一处来："跟你说过多少次，这种错误又犯，到底有没有长耳朵……"

请问这种情景有没有在你家上演过？为什么你对孩子苦口婆心，却毫无作用？其实不是你家孩子出了问题，而是你的语言表达出了问题。作为妈妈，这时候可以换位思考一下。

假如你辛辛苦苦做了一顿饭，等着孩子的爸爸回家一起吃。可是孩子他爸吃了一块鱼，说鱼有一点腥了；吃了一口青菜，说青菜有点咸了；喝了一口汤，说这汤是怎么煮的，这么苦……

听完孩子他爸这么说后，你是保持微笑，还是肺都要气炸了？如果这个时候你还能够保持微笑，那恭喜你，你太有度量了！但是有多少人能够在听了这些负面语言后还能继续保持微笑呢？大多数人都会出于自卫而进行反击：我辛辛苦苦为你做了一顿饭，你却嫌这嫌那，下次你自己做，爱吃不吃！

同样的情景，如果爱人用正面的语言来说，将会发生什么情况呢？"亲爱的，今天的晚饭非常丰盛，你一定花了不少心血吧！我来尝尝，这肉焖得很到火候，软而滑，如果少放点糖就好了，那简直就是人间极品！这青菜炒得多青绿呀，完全保留了原有的维生素，爽脆甜美，如果能够维持它原有的味道，下次少放点盐就好啦。这个汤，是否放了苦瓜干呢，这段时间有点上火，你考虑得真是周到。亲爱的，你的厨艺水平越来越高了，谢谢你!"

这个时候，我相信你会很开心地和爱人共度晚餐，而且，你会很乐意继续做饭给爱人吃，下次做饭的时候，你也会心甘情愿地做出更多的改进。

与负面语言不同，正面语言会带来完全不一样的后果，我们再看一个案例。

孩子想帮忙倒水，妈妈害怕孩子打翻杯子，脱口而出："不要动那个，你会打翻的。"结果，孩子真的把水打翻了。"我跟你说过了，叫你不要动。"妈妈忍不住再次责怪孩子。

在某小区的游乐场，一个小孩借助器械玩得正开心，奶奶看到了，担忧地说："快下来，小心摔下来了。"奶奶话音刚落，孩子就摔下来了。"我早就跟你说过危险，你就是不听。"奶奶当然不愿意放过这次说教的机会，开始一轮又一轮的啰嗦。

生活中这样的情景不胜枚举。也许家长说的时候无心，也没有意识到会有什么不良后果，但是事情的结果往往朝着最坏的方向发展。

所以，父母平时跟孩子说话，要尽量用积极的、正面的语言。用"要勇敢"来代替"不要害怕"；用"慢点走"代替"别跑了"；用"保持安静"代替"别吵了"。

其实每个人都更喜欢听正面的语言，尤其是孩子，当我们用正面的语言和孩子沟通的时候，孩子潜意识里就会觉得自己是个好孩子，只是有些行为需要修正。当我们用负面的语言和孩子沟通时，孩子的潜意识就会觉得自己是个坏孩子，他会想我是个令人讨厌的人，我是个没用的人。

（2）正面的语言就是有效沟通

当孩子的不良行为出现时，我们该如何使用正面的语言呢？这就需要我们提高觉察力。每一个不良的行为，都有其正面的动机！我们要做的是察觉孩子不良行为背后隐藏的正面动机，然后用正面的语言引导孩子做出正面的行为，实现其正面的动机。

回到刚才说的案例，面对孩子的不听话，我们应该怎么做？我们先看看这位家长的肢体语言，以及说的话，充斥着太多负面的信息了。在这种情况下，孩子的不良行为是不会得到改善的。想要孩子的行为得到改变，家长就要先改变你的思维和你的表达方式，用孩子的语言，用孩子的思维来沟通。

比如，"儿子，打游戏好不好玩，要不妈妈和你一起打？"得到孩子的回应后，接着对孩子说："那你赶紧写作业，妈妈做完饭，正好你写完作业，这样我们就可以一起打游戏。"这时候，孩子肯定会用吃惊的眼神看着你，怀疑眼前的这个人不是他亲妈。此时此刻，你用坚定正面的语言告诉孩子：妈妈相信你可以分配好时间，你也相信妈妈会陪你玩一局游戏。当然，你也可以有更好的选择，就是做完作业出去游泳。

我们会发现这样的沟通中，从头到尾都没有一个负面的词语，而且在处理过程中，妈妈的肢体语言都是充满正能量的。妈妈确实是在纠正孩子写作业拖拉的这种行为，但不是针对孩子这个人，对事不对人。这样做，家长给孩子的潜意识里植入了"我是个好孩子""我能做时间的主人""我是有价值的"等正面的信息，孩子就不会因为拖拉而感到自责，反而他会因为得到家长的鼓励而修正自己拖拉的行为。

臧老师语录

　　语言是最有力的武器，当你用来要求、命令、恐吓孩子时，语言是一支沾满毒液的剑，直抵命脉。那些伤害孩子的话语，我们可能每天都在重复，毒液也在一点一滴渗入骨髓。

3 教育子女不能说的三句话

教育子女，尤其是女儿，千万不能说这三句话，否则，不管父母有多爱孩子，孩子长大以后依然会变得敏感自卑，缺乏主见，处处被人欺负。

教育孩子不能说哪三句话呢？如图5-1所示。

1 "我们家里穷。"

2 "孩子，别惹事儿。"

3 "我都是为了你好。"

图5-1　教育孩子不能说的三句话

（1）别对孩子说家里穷

在家庭教育中，有的父母常常会对孩子说："我们家里穷。"父母说这句话，无非是告诉孩子，赚钱不容易，要孩子省着点花。父母这样说多了，孩子就信以为真，就会有负罪感。长此以往，孩子就因为家里没钱什么事情都不敢做，也不敢表达自己的需求，只能默默地羡慕别人，从而养成了自卑的性格。

以后父母想和孩子谈钱的问题，可以换种方式表达。 比如，"宝贝，钱可以花，只是不可以乱花，有合理的需求，爸妈都会尽量满足你。"

（2）孩子，别惹事儿

有一个妈妈担心调皮的儿子在学校捣蛋，每天送孩子上学的路上，都会对她儿子说："儿子，今天在学校要乖，千万记住别再惹事儿啊！你要是敢惹是非，有你好看的。"说完，妈妈还挥舞拳头吓唬男孩。男孩刚开始听到妈妈这样说，还会争辩几句，后来听多了就是低着头沉默不语，不知道男孩当时心里在想什么。

父母担心孩子在外惹事儿，无可厚非，但要就事论事，否则一直给孩子灌输"不惹事"的思维理念，孩子会失去自我保护能力，被欺负了也不敢反抗。有哪个孩子会主动惹事呢？他不想听到家长"别惹事儿""没关系"或是"惹不起"之类的话，这样会让他感到非常自卑，变得越来越没有底线和原则，最后被当成软柿子捏。当然，既不能让孩子受委屈，也不能盲目"打回去"。面对这个问题，父母到底应该怎么做？首先，要在心理上给孩子做坚强的后盾，对孩子说："宝贝，谁也没有权利欺负你，我们不惹事儿，但也不能怕事，该反抗就要反抗。"其次，培养孩子保护自己的能力，比如培养孩子用语言保护自己的能力、培养孩子正确理解他人行为的能力、培养孩子的运动能力等。

（3）一切都是为你好

"我都是为了你好"这句话高频地出现在我书中，是因为中国父母在教育上普遍存在的问题是"自我感动的付出感"，也就是他们所做的一切都为了孩子好。这句简简单单的话，父母委屈了一辈子，孩子也愧疚半生。其实，父母这样说，一点不考虑孩子的感受，不给孩子选择的权利，以后孩子会变得没有主见。父母应该这样说："宝贝，爸爸妈妈很爱你，总是怕你走弯路，所以才会忍不住提醒你。你可以听，也可以不听，你的人生自己做主，不过一切后果都要你自己承担。"

臧老师语录

　　在生活中，家长跟孩子说的话都要思考一下，有很多话都可能对孩子潜意识里形成的思维模式造成影响。

4 父亲一定要对孩子说的话

在生活中，孩子多数由妈妈管教，但是一个孩子的成长过程中必须有父母双方的爱才是完整和幸福的。所以作为父亲，你可以没有时间去陪孩子，但是以下这些话一定要由你来告诉孩子。

（1）要比就比知识和眼界

孩子的世界也免不了攀比，但不能盲目攀比。这时候父亲要引导孩子，对孩子说："你可以攀比，但要比就比知识和眼界。"遇到孩子喜欢攀比，父亲一定要告诉孩子，比较并没有什么意义，重要的是要持续学习和提升自身，开阔眼界，并且相信自己有能力去追求梦想。

（2）要尽快学会独立

大多数妈妈都比较心软，想到让孩子独立就会顾虑重重。

127

这时候就需要"狠心的爸爸"出现，告诉孩子："我和你妈妈不能陪你过一辈子，所以你要尽快学会独立。"作为父亲既要让孩子有满满的安全感，又要让孩子明白父母不能庇护他一辈子，自己学会独立才是关键，这样才能在未来的人生道路上更加自信。

（3）不要怨天尤人

虽然父母总是尽力给予孩子所需要的一切，但有时孩子仍然会对他们有所不满。作为家里的主要责任人，爸爸可以对孩子说："不要对我和你妈妈有任何的怨言，我们已经尽力地给予你一切了。"父亲的这句话让孩子懂得珍惜父母的爱和付出，不要只会怨天尤人，并且在以后的日子里，孩子也需要回报父母的养育之恩。

（4）不要假装自己很努力

有些孩子为了避免父母的唠叨，会关起门假装很努力地学习，结果成绩没见提高，却成了家里"年度最佳小演员"。努力和勤奋是成功的基石，没有任何捷径和神奇的方法。父亲要让孩子学会踏实做人，并告诉孩子："永远不要假装自己很努力，因为结果不会陪你演戏。如果你没有真正付出努力，你的未来也就无从谈起了。"所以，父亲要以身作则，百忙之中，抽空陪孩子学习。

（5）学习是为了有更多的选择

当孩子对学习感到厌烦时，父亲要化身孩子的心灵导师，告诉孩子："盯着你的学习，是希望你未来的人生可以有更多的选择。如果我们没有好好学习，将来面对的机会就会变得越来越少。"父亲应该让孩子知道学习是自己的事情，不要觉得是帮父母学。学习是为了将来的成功和幸福，因此我们必须始终注重学业，并且努力争取更多的机会。

（6）可以输，但不能放弃

当孩子考试考砸了，当孩子比赛输了，父亲要让孩子学会坚强，告诉他："你可以输，但不能放弃。"失败只是暂时的挫折，我们不能因此而放弃追求自己的梦想。勇敢面对挑战并激励自己是非常必要的。对于孩子来说，重要的是要有强大的内心和勇气去迎接人生的挑战。

（7）身体是革命的本钱

孩子刚出生的时候，父母对孩子的期待就是健健康康长大。可是，当孩子步入学校时，父母的期待就要变成了优异的成绩，而忽视了孩子身体的锻炼。身体是革命的本钱，如果一个人没有健康的身体，他就无法享受人生中的美好。一般父亲都比较爱运动，可以在孩子学习之余，带孩子去运动，尽情挥洒汗水，并告诉他："生命在于运动，有好的体魄，学习才有效率。"让孩子懂得健康的重要性，这样才能享受生活的美好。

　　总之，作为父亲，除了提供物质上的支持，更需要在孩子的成长过程中扮演引导者和榜样的角色。在和孩子相处的过程中，父亲常说这些话语，可以帮助孩子更好地成长，让他们变得更加成熟和懂事。

 臧老师语录

　　父母无法为孩子规避所有风险，但可以教会他们如何面对人生。父母没办法陪伴孩子一辈子，总要让他们学会走自己的路。这些话越早告诉孩子越好，一定能让他们受益一生。

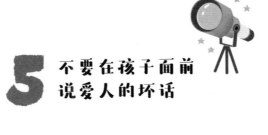

5 不要在孩子面前说爱人的坏话

很多父母都喜欢问孩子这样一个问题："爱爸爸多一点，还是爱妈妈多一点？"或者问："爸爸好，还是妈妈好？"

（1）别在孩子面前诋毁你的爱人

这样问孩子，就是变相地在孩子面前诋毁你的爱人。

有这样一位女士，在孩子面前不断诋毁爱人：

"你爸真是的，臭袜子到处乱扔，这个家太乱了。"

"烦死你爸了，那么懒，一点家务都不干。"

"以后别学你爸，一言不合就去外面喝酒，太不像话了。"

……

有的妈妈在孩子面前这样描述自己的爱人，把"邋遢、懒惰、酗酒、不顾家"这些标签扣到了爱人的头上，甚至还和孩子结成联盟一起"攻击"对方。

事实果真如妻子所说吗？

其实，这位爸爸有很多优点，每天早出晚归挣钱养家糊口，给孩子买漂亮的小洋装，对孩子的成绩特别关心。只是爸爸这些优点被妈妈灌输的那些无限放大的缺点给掩盖了。

在一个家庭内部，父母是孩子内心世界的两根顶梁柱，如果这两根柱子不仅不和睦，还互相指出对方的不高大、不牢固，那岂不是意味着孩子的世界变得低矮狭小，甚至可能崩塌？

在数落完对方的不是之后，一家人还是会聚在一起，父母好像忘了刚才的抱怨，仍能共处。孩子会做何感想呢？是觉察出说坏话一方的虚伪，还是对另一方的不满？结果就是，诋毁爱人会让孩子左右为难，最终会对父母都不满。

（2）让孩子学会欣赏对方

在孩子面前说爱人坏话，会让孩子对婚姻、对亲密关系产生恐惧。当面对自己的另一半时，孩子会自然地产生不信任感——"不知道你背后怎么说我呢"！不信任足以毁坏爱情和婚姻。

在孩子面前说爱人坏话，会让孩子对所有的人际关系失去信心，并困惑不已。比如：关系再好也会互相说坏话吗？关系再坏表面上有时也要虚与委蛇、忍耐着在一起吗？

事实上，一对夫妻真的没有一方所说的那样让人厌恶到满腹牢骚，如果是，那你为什么还要嫁给他或者娶她呢？

记住一点：永远不要在孩子面前说爱人的坏话，因为另一个人是孩子的爸爸（妈妈）。孩子的一半来自父亲，另一半来自母亲，否认孩子父母亲的其中一方，等于无意识里也否认了孩子的一半。所以，一个爸爸对孩子最好的爱，就是好好疼爱孩子的妈妈；一个妈妈对孩子最好的爱，就是欣赏并推崇孩子的爸爸！

臧老师语录

在孩子面前说爱人的坏话，会使孩子形成自我否定的性格。如果孩子觉得你说得对，他就会把这种矛盾放大，会不信任父母。

6 以爱为名所说的谎言，是更大的残忍

父母经常会以爱为名做出一些伤害孩子的事而不自知，甚至出现过度体罚、过分斥责孩子的情况，父母给出的理由往往是孩子没有做好令自己失望。

以爱为名的谎言，是家庭教育中一个沉重的话题。它戳穿了生活中表面的温情和尊卑伦理。但是面对一次次悲剧的产生，家长是否应该真正地面对它？

生活分为两种，物质生活和精神生活。情感是精神生活的一部分，每个人都会在爱和被爱的滋养中生活。但在家庭教育中，孩子所受到的伤害，有时候就是来自爱。

以爱为名所说的三句谎言，如图5-2所示。

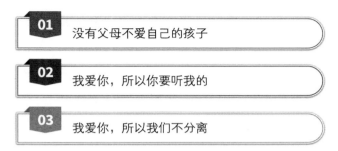

图5-2　以爱为名所说的谎言

（1）没有父母不爱自己的孩子

这号称是以爱之名最大的谎言，却很容易被驳倒。实际上，这样的"例外"太多太可怕。

比如，复旦大学某研究生，因虐杀几十只猫而轰动一时，但他虐猫的另一面是"爱猫"。这种"我爱你，所以虐待你"的变态心理，正是源自父亲对他的苛刻和虐待，譬如多次因小事暴打他，还常将其关在家门外过夜……

再比如，广州花都区的女孩阿俊，被母亲割掉双耳。

还有很多父母虐待自己孩子的案件，但仍有许多人认为，"没有父母不爱自己的孩子"是成立的。他们不讲逻辑漏洞，而强调说那些案件是特例。

但就这所谓的"极少数"也只是看得见的"身体虐待"，

还有一种看不见却普遍存在于大多数家庭中的现象，叫作"精神虐待"，包括蔑视、忽视、嘲讽、控制、否定、打击、冷落等。

"我把你养这么大有什么用""怎么生了你这么笨的孩子""你这个废物，这都做不好""看看人家，再看看你"……很多孩子都听过类似辱骂的话。

实际上，以爱的名义虐待孩子的父母，或者不屑于借用爱的名义而直接虐待孩子的父母，实在太多太多。而对父母仿佛有刻骨仇恨的孩子，也一样是太多太多了。

这是一个需要直面的事实。

现代临床心理学家普遍认为，一个成年人的关系模式，在很大程度上是他童年关系模式的再现。假若一个人没有什么理由地残忍虐待甚至杀害其他人，基本可以推断，这个人曾被残忍虐待过。

比如网上热炒的一个新闻，珠海女雇主魏某虐待小保姆蔡某。从这个角度上看，展现在一个成年人身上冷酷的恶毒，可以回溯到他的童年关系，而且多数可以回溯到他与父母的关系。就像上面案例中，复旦那位硕士在虐猫的时候，不过是把父亲对待他的方式转移到他对待猫的方式上而已。

很多人控制不住自己，或者冷酷地对待自己的配偶和儿女，或者残忍地对待社会上的其他人，一个很重要的原因，是他们无法直面自己有一个"坏父亲"或"坏母亲"的事实。我们的社会特别讲孝道，即便父母虐待了自己，也要认为父母是对的。这种理性上的接受不能遏制住他情感上的仇恨，但父母是不能恨的，所以只能把这仇恨转嫁到配偶、儿女或其他人身上。这种转嫁机制，是很多恶行的基础。

（2）我爱你，所以你要听我的

这也是爱的谎言典型代表，父母用这个谎言控制孩子，老师用这个谎言控制学生，男人用这个谎言控制女人，女人也用这个谎言控制男人。

这个谎言是我们的一个集体无意识，它源自我们共同的一个经历：1～3岁时，当孩子蹒跚学步并开始探索世界，大人忍不住要替孩子完成任务。譬如，孩子跌跌撞撞地拿玩具时，大人递给他；孩子四处爬来爬去时，大人因担心而制止他；孩子快乐地玩耍并大喊大叫时，大人警告他们小声一点……

总之，父母为了安全，为了"爱"孩子，而严重妨碍了孩子探索世界。等孩子长大后，父母更是变本加厉地这样做。比如，帮孩子解决一切难题，替孩子做决定，当孩子拒绝接受时，就以"爱"的名义强迫孩子接受。父母在这样做，老师也在这样做。这样做，是在杀死孩子的生命意义。

因为生命的意义在于选择，当一个人不断为自己的人生做选择时，那么不管这些选择是对是错，他的生命都会因为自主选择而丰富多彩，而他的心理能量都会不断增加。只有做过选择，一个人才算活过。假若这个人的一生中都是别人在替他做选择，他的生命就没有意义。不管别人给了他多少东西，不管那些选择从理性上看多么"正确"，他都会因此而空虚无力。

这个以爱为名所说的谎言，却是更大的残忍。

以爱的名义替孩子做选择，这会有极大的迷惑性。父母觉得自己做得对，孩子也不知道该怎么反抗。但是，父母和孩子都会因此而苦恼。父母发现，他们需要一直为孩子操心。孩子则会经常感到烦闷，甚至会有一种窒息感，就仿佛有人在掐着他们的脖子一样。这种窒息感不难理解，是因为父母替孩子做决定，就是在从精神上掐死孩子的生命。更残忍的是，这种"掐"看上去是善意的，父母这样看，孩子也这样想，社会上也这么认为。理性很容易欺骗人，但情感不会骗人，被"掐"得厉害的孩子常常做出一些极端行为，来表达他们的真实情感。其常见方式是网瘾和叛逆，而极端方式则是自杀和杀人。

比如，广州董姓大学生弑父。再比如，一些中学生因老人劝诫自己好好学习而情绪失控并暴力袭击老人。还有，这几年中学生和大学生轻生的新闻常被报道出，学生们的心理问题越来越严重。出现这些情况的原因，很有可能是家长或老师替孩子做选择的情况太严重了，孩子们的生命正被严重扼杀。

切记：如果你真爱孩子，请给他们独立空间，放手让他们自主选择，请不要从精神上杀死他们。

大多数中国父母习惯性安排孩子的一切，小到穿什么衣服、留什么发型、交什么样的朋友，大到学什么专业、找什么工作和什么样的人组建家庭，事无巨细，全都要过问一遍。孩子仿佛就是父母手中的盆景，长成什么样子，全凭他们的愿望修剪。

然而，每个孩子都是独立的个体，他们不是父母梦想的延续，也不是附属品。父母千万不要越俎代庖，替孩子管理人生，而应该尊重、理解他们，支持他们的选择，并教会他们作为独立个体要为自己的人生负责任。

（3）我爱你，所以我们不分离

都说孩子是母亲身上掉下来的一块肉，所以父母尤其是母亲是最不愿与孩子分离的。他们经常用"孩子离不开我"当作不能分离的借口，但通常情况下，都不是孩子离不开父母，而是父母离不开孩子。

明朝官员海瑞清正廉洁，外号"海青天"，可见他深得百姓的拥护。但是家庭教育让海瑞"窒息"。据说，到了海瑞中年的时候，他的母亲还会在他的枕边轻轻拍打他，像是照顾一个小孩子一般，把海瑞看作自己的私人物品，而不是带有血缘关系的人。海瑞对母亲百依百顺，甚至在母亲苛待他的妻子时，他也不分青红皂白地站在母亲这边而选择休妻。

海瑞母亲以爱为名伤害海瑞而受到最大的惩罚，恐怕就是海家没留下一个后代。

亲子关系不是一种恒久的占有，而是生命中一场深厚的缘分，父母既不能使孩子童年贫瘠，又不能让孩子成年窒息。作为父母一定要明白，孩子是注定要离开你的，他们有自己的人生轨迹。父母无论多爱孩子，都没有能力和时间陪他走完人生的下半场，唯一能做的就是体面退出，放手让孩子独自飞翔。

 **臧老师语录**

有这样一种父母，在孩子年幼时给予强烈的爱护，又在孩子长大后得体地退出。在他们看来，照顾和分离都是父母在孩子身上必须完成的任务。

7 用话教导，用心学习

我们来看看下面这些话，是不是很熟悉："不要迟到""不要粗心""不要紧张""不要害怕""不准偷看""不准早恋"……

这些其实都是负面的暗示，越"不要"其实代表了越"要"。一个经常说自己"不要失败"的人迟早会失败，一个经常说"不要迟到"的人经常迟到，因为每说一次负面力量就强化一次。

（1）用话教导：告别负面暗示

一个考试时想着"不要紧张"的学生，一旦遇到不会做的题目，就会更加紧张。有的父母经常教育孩子考试的时候不要粗心，可是孩子粗心的习惯有没有改变？事实上，你反复强调的并没有改变。

所以告别这种负面暗示，从此刻开始，父母要改变语言教导模式，要把否定词改成正面的词语。

比如："我不要失败"，改成"我要成功"；"上学不要迟到"，改成"上学要准时"；"做作业的时候不要粗心"，改成"做作业的时候要仔细点"；"考试的时候不要紧张"，改成"考试的时候要放松点"……

作为父母，要用心学好这种教导孩子的语言模式。

（2）指责别人，慎用"为什么"

下面这样的语言，你是不是很熟悉？

"你为什么这么不听话？"

"你为什么迟到？"

"你为什么这么粗心？"

"你为什么考试考得这么差？"

"你为什么不爱我了？"

"你为什么这么迟回家？"

当父母用"为什么"来指责孩子的时候，孩子的第一反应就是防卫，大脑就聚焦在所有的理由上，然后用所有的理由来证明自己这样做是对的。

如果你的孩子考试没有考好，你问他："为什么这次考试考得这么差？"他一定会找很多理由，他会说因为老师教得不好，因为昨晚没睡好，因为最近状态差，甚至会说因为自己很笨。对你来说，有没有效果？一点效果都没有。

那么，正确的做法是什么呢？

当父母要批评孩子的时候，不要说"为什么"，因为"为什么"一问，马上出现了负面理由和借口。要说发生了"什么"，接着再问"如何"，也就是"怎么办"。因为"如何"的焦点是在"方法"上。当问"如何"的时候，看到的是未来。明天如何能准时？明天有很多的方法。比如说，可以早半小时起床去上学；也可以改步行为乘公交车。这样，孩子看到的是方法。而这些方法，孩子是能掌控的，是有力量的，这个时候，孩子产生的是正面情绪，然后就行动。这种模式叫作"效果导向"。

作为家长，要用心学习这种教导模式。

（3）比较级的语言技巧

家长经常会去表扬孩子，可是表扬的方法是否有效呢？比如表扬孩子说："儿子，你最近表现很好。"表面上看这是一句不错的表扬，但是从更深的层次来看，孩子可能会在潜意识里收到的信息是："我最近表现好，那我以前表现不好吗？"

父母表扬孩子的时候，要用比较级的语言技巧。就是在要表扬的词前面加上"更加""越来越"等比较级的词语。比如说，你在表扬孩子的时候说："儿子，你最近表现更好了。"那意思就是说：以前也很好，最近更好。

而错误的方式，就是当我们批评孩子的时候用了比较级。

比如，我们经常听到有些父母批评孩子说："你越来越笨了！"这是一句非常有杀伤力的话，越来越笨的意思是说，过去很笨，现在更笨，将来越来越笨。在这样语言环境下的孩子真的会越来越笨。

（4）如何正面批评孩子

父母批评孩子的时候，经常会伤到孩子，这叫作"负面批评"，而与之相对的批评是"正面批评"。正面批评就是孩子被批评后能量是提升的，同时他愿意因为你的批评去改变。具体怎么操作呢？

首先，父母要无条件接纳孩子这个人。当一个人被接纳和尊重后，行为才有可能会改变。

其次，父母可以用四个步骤来做正面的批评。

第一步，接纳情绪。情绪是人的一部分，当一个人有情绪的时候，所有的道理和说教都是苍白无力的。

一个孩子考试没考好，孩子心情也不好。我们应该怎样接纳孩子的情绪呢？"孩子，爸爸知道你这次考试没有考好，心情很郁闷，爸爸非常理解你的心情。"当孩子情绪被接纳的时候，他就开始放松，他才开始愿意开放他的内心。

第二步，接纳孩子的身份。"在爸爸的心中，你是一个聪明的孩子。"身份就是"你是一个怎么样的人"，是指一个人的品质。身份也是"人"的一部分。

第三步，寻找原因。"可是这次考试没有考好，是什么原因？"注意不能指责为什么，因为一指责为什么，孩子就马上会找理由。

第四步，寻找方法。当孩子说出一些原因后，不要在原因的地方不断强化，重要的是如何让孩子自己去找方法，可以在下次考试的时候考得更好。

"这次既然这样了，没有关系，重要的是我们下次如何考得更好一点？"

孩子可能会说："我下次仔细点。"

你继续问："还有呢？"

孩子说："我下次速度再快一点。"

你继续问："除了这两点，还有呢？"

孩子说："我上课听得更认真一点。"

你继续问："除了这些，还有没有呢？"

孩子说："我平时更努力一点。"

你拍拍孩子的肩膀说："老爸（老妈）相信你，我们一起努力！"

臧老师语录

作为父母，要用心学好教导孩子的语言模式，告别负面的心理暗示或者"十万个为什么"的问话模式，才能走进孩子的内心世界，与他进行有效沟通。

8 孩子的自尊心受伤了，你会怎么说

自尊心是重要的，一个人有了自尊心，才可以明确地"指导"自己向正确的道路迈进。一个拥有自尊心的孩子，才能拥有自信心，进而也会朝着自己理想的方向前进。

但是父母的一些行为，往往会对孩子的自尊心造成伤害。

孟凡的父母对他要求非常严格，他写作业时只要身体一倾斜，父母就言语责罚，甚至还会用小木棍抽打他的身体。

"你写的字怎么歪七扭八的这么难看？"

"老师也是这么教你的吗？"

"你怎么这么笨，连字都写不好？"

这些话在孟凡的父母看来本无可厚非，但在孟凡的心里却留下了深深的烙印。孟凡觉得自己实在太差劲了，爸妈才会这样责罚自己，他的自尊心受到了灭顶打击。久而久之，孟凡对自己失去了信心，甚至变成了一个没脸没皮的人。他认为自己就这样了，于是破罐子破摔。孟凡的父母觉得孩子实在是太不争气了，但他们也不知道究竟该如何教育才好。

（1）伤害孩子自尊心的行为

父母的哪些行为可能会伤害到孩子的自尊心呢？有以下三种，如图5-3所示。

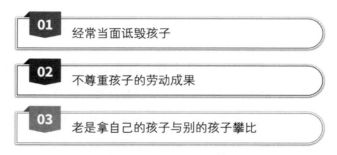

01 经常当面诋毁孩子

02 不尊重孩子的劳动成果

03 老是拿自己的孩子与别的孩子攀比

图5-3　父母伤害孩子自尊心的行为

第一，经常当面诋毁孩子。诚然，孩子是母亲身上掉下来的一块肉，孩子和父母之间的关系也最亲密，但再亲密，孩子也是一个人，也有独立人格。当父母的总是在公开场合，尤其是当着一群人嘲笑诋毁自己的孩子时，孩子的自尊心必然会受到打击。久而久之，孩子也会对自己丧失信心，甚至会与父母爆发出更大的矛盾与冲突。到那个时候，父母就不再是他的亲人，而是他的敌人。

第二，不尊重孩子的劳动成果。每个孩子都有自己的思维，也有自己的创造力。当孩子创作出某种物品时，父母一定要给予赞同和鼓励，只有这样，才能让孩子以更大的动力奋勇前进。相反，如果父母总是诋毁甚至根本看不上孩子的劳动创造的话，就会对孩子的自尊心造成巨大打击，让孩子对自己陷入怀疑，甚至会否定自己的一切小创造。

第三，老是拿自己的孩子与别的孩子攀比。很多父母似乎特别喜欢抬高别人家的孩子，贬低自己的孩子。总觉得别人家的孩子永远都是最好的，总喜欢拿别人家的孩子来与自家的孩子进行比较，甚至会拿这种条条框框来绑架孩子，让孩子误以为自己这也不行那也不行。

其实，每个孩子都是这世间独一无二的，孩子长大后或成为一朵花，或成为一棵树，或成为一棵默默无闻的小草。但不管怎样，他们对于父母来说都是这世间最珍贵的，都是父母应该倍加珍惜的。父母总是拿自家孩子与别人家孩子进行攀比，就会在无形之中谋杀孩子的自尊心，也会让孩子无法正确地审视自己。

当今社会，一个拥有自信心的人才能勇敢地在职场的大舞台上展露自己，施展自己的才华，展现自己的风采。而一个连自尊心都没有的孩子何谈有自信心呢？拥有自尊和自信不仅会为孩子未来的事业增光添彩，也会使他的生活绚烂夺目，进而使他成为一个幸福而又充实的人。而毁掉一个孩子的自尊心，无疑是毁了孩子的未来。

孩子有了自尊心，就具有了上进的潜力。当孩子的自尊心被保护得完好时，就会为了证明自己而不断向上攀爬，不用父母的呵斥也能努力前进。到最后，孩子所取得的成就和进步远非父母想象中的那么简单。当孩子的自尊心被保护得很好之后，他也会回过头来反哺父母。待长大以后，他会用自己的努力为父母提供更好的生活，也会用自己的成就来回馈父母，让父母有一个美好的晚年。

（2）如何保护孩子的自尊心

都说养儿为防老，一个有自尊心的孩子，他就会用以自己的能力所换来的成果来回馈父母，父母就再也不用担心孩子的成长发展了。既然自尊心那么重要，那么孩子的自尊心受伤以后，父母应该怎么说，才能保护孩子的自尊心呢？如图5-4所示。

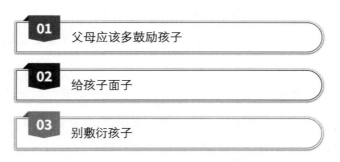

01	父母应该多鼓励孩子
02	给孩子面子
03	别敷衍孩子

图5-4　怎么保护孩子的自尊心

第一，父母应该多鼓励孩子。其实对于孩子来说，他最想要得到的赞美，并不是老师的赞美，也不是朋友的赞美，而是父母的赞美，哪怕只有一句，对他来说也如蜜一般甜美。得到了父母的赞美后，他就有了更强大的前进动力，也能够在成长的过程中进步得更快。

第二，给孩子面子。孩子越小，心灵越不设防，越容易受伤害，父母需要予以小心呵护。譬如，不要拿孩子的尴尬事作为饭后谈资，更不要嘲笑他，不要当着别人的面唠叨孩子曾经说的话或做的事，使他感到难堪、无助，从而对父母产生厌倦心理和敌对情绪。

第三，别敷衍孩子。如果孩子想和父母说话，父母只要关上手机或者电视机，回答孩子一个问题就够了。眼对眼地看着他，以此来表明你是真的在听他说话。这对培养孩子的自尊心有良效，因为它传递了一个信息，孩子会觉得他在你的心目中是重要的、有价值的。

（3）孩子的自尊心受到伤害该怎么办

孩子的自尊心还会来自家庭外部的伤害。

比如，面对他人的讥笑带来的自尊受损，孩子常见的情绪及行为反应为：愤怒地攻击对方（比较正常的反应）、哭泣（通过示弱寻求第三者保护）、抑郁或社交退缩。其中，压抑愤怒的孩子最易被父母忽略。他们面对冷嘲热讽时，貌似很坚强，看不到有明显的情绪变化。孩子的自尊心受到这种伤害怎么办？

首先，父母要有容纳负面情绪的能力。只有自己会游泳的父母，才能把孩子从水里救上岸，而不是一同被愤怒和屈辱淹没。相反，如果父母容纳不了这样的情绪，为了避免崩溃，采用回避、压抑、隔离这些防御措施。即使压抑到潜意识里，情绪能量也不会凭空消失，逐渐成为这个家庭自卑屈辱的情感基调。

其次，父母要无条件支持孩子，转化孩子的情绪。

第一步，给孩子一个温暖的拥抱，并坚定地告诉孩子"在外面受欺负了，爸爸妈妈会永远保护你"。

第二步，父母通过语言疏导来转化孩子的情绪。

比如，当孩子遭到嘲笑之后，父母应该安静地鼓励孩子把遇到的困难说出来。孩子说出来的时候，就代表了他已经倾诉了。而父母要做的第一件事就是接纳孩子的感受，然后就是回应孩子的感受。"如果我是你的话，我肯定很难过"，就用这样的方式。

第三步，父母需要了解一下当时发生了什么。因为当父母的情绪比较平静，且不带任何评价的情况下，孩子才会更容易把这件事情的前因后果告诉你。等孩子把事情从头到尾原原本本地讲明白以后，父母再来表达自己的看法。

比如，当孩子告诉父母其他孩子都在嘲笑他时，父母回应孩子的感受可以这样说，"那当时肯定很尴尬"。

最后，父母需要疏导孩子，让他认识到事情本身并没有大问题。"别人这样嘲笑，只是别人的看法，你管不了别人，对吗？"

（4）当孩子逃避问题时，父母应该怎样正确引导

第一，密切关注孩子在学校里面的情况，他的情绪如何。

第二，争取能够送孩子上学。父母可以从孩子和周围人相处、打招呼的情形，去了解孩子的情况。在这个时候，多鼓励孩子与别人交流，而不是因为这件事情受到了伤害，就特别回避和别的小朋友在一起。

第三，如果孩子被攻击，请教会孩子表达不满。比如说他的秘密被别人泄漏以后变成了全班同学嘲笑他的话柄，那么告诉孩子，如果还有同学这样嘲笑你，你就径直走到他身边，去质问他："你为什么要这样说？我认为这件事情不好笑。"

臧老师语录

和身体的自我免疫力一样，面对外界的伤害，人们的心理也具有一定的自我修复和自我疗愈能力。如果加上父母积极的支持，孩子则能在更短的时间内治愈伤口。

第六章
儿女成才必经的
"人生九练"

　　至乐无如读书，至要莫如教子，如何令儿女身心健康成长，如何能让儿女成才，是天下父母普遍忧虑操心之事。儿女成长的道路有千万条，但千万不要走捷径这一条。作为父母要"逼"孩子去经历人生的"九练"，通过这些历练让孩子变得越来越优秀。

1 练脸皮，让孩子内心变得更强大

练脸皮，放下面子，才会更有面子，孩子的内心才会变得更强大。俗话说："脸皮厚吃个够，放下面子才能挣得里子。"当然，"厚脸皮"不等于"不要脸"。 这里要讲的"厚脸皮"，其实是教会孩子能够坦然地接受自己得不到的东西，同时拥有再一次尝试的勇气。父母应该教会孩子挫折的意义，让他们懂得生活中不仅有阳光，还会有风雨，只有经得住风雨，才能见到彩虹。

（1）厚脸皮的优势

脸皮薄的孩子容易敏感，所以父母在关注孩子物质、学习的同时，要教会他练就厚脸皮的本事。厚脸皮对于孩子的好处有很多，如图6-1所示。

第一，厚脸皮的孩子在被家长、老师批评的时候，会保持良好的心态

第二，厚脸皮的孩子在失败之后，不容易一蹶不振

第三，厚脸皮的孩子普遍心态较好，懂得进行自我调节

第四，厚脸皮的孩子不惧怕失败，更容易成功

第五，厚脸皮的孩子交际圈更优质

第六，厚脸皮的孩子能更好地维护自身利益

图6-1　练就厚脸皮的好处

第一，厚脸皮的孩子在被家长、老师批评的时候，会保持良好的心态。而那些脸皮薄的孩子，在被家长或是老师批评之后，就会产生比较强烈的自卑心理，感觉自己一无是处，心理健康将会被负面的评价深深干扰。他们可能会因为难以承受这样的心理压力，而出现一些问题，例如抑郁、自暴自弃甚至发生过激行为。而脸皮厚的孩子，往往在受到批评之后，能够正确地认识批评，不会让批评影响到生活中的其他方面，不会影响到自己的健康心态。

第二，厚脸皮的孩子在失败之后，不容易一蹶不振。孩子在失败之后，心理上或多或少都会受到一定打击。那些脸皮薄的孩子，很可能一蹶不振，放弃努力，甚至自暴自弃。但是那些脸皮厚的孩子，遇到问题会坚持不懈，越战越勇。

第三，厚脸皮的孩子普遍心态较好，懂得进行自我调节。孩子在遭受到情感刺激、意外事件的时候，心态会受到干扰，变得身心不健康、情绪不稳定。而厚脸皮的孩子，更懂得自我调节，快速地稳固自身的心理状态，不会让负面状态干涉太多的其他方面。

第四，厚脸皮的孩子不惧怕失败，更容易成功。当然，这并不是说厚脸皮的孩子能力更强，而是因为厚脸皮的孩子心志坚定，在做事的时候不畏困难、不惧艰险，能够坚持完成自己的目标。脸皮薄的孩子，则非常在乎结果，非常在乎面子，无法承担失败带来的后果。

第五，厚脸皮的孩子交际圈更优质。厚脸皮的孩子，在交际方面也会更出色。在人际交往中，人与人之间会发生一些矛盾、意见相左的情况，如果两个人都护住面子不撒手，那么两个人之间的关系很可能会断裂。但如果有一方厚脸皮，放下面子主动示好，两个人之间的隔膜将会很快被捅破，关系自然会更加稳固。

第六，厚脸皮的孩子能更好地维护自身利益。有些孩子脸皮薄，爱面子，不懂得拒绝，这就导致很多时候自己的利益被他人侵犯。而厚脸皮的孩子，懂得权衡利弊，能够"不顾面子"地说"不"，这可以很好地维护自身利益，而不易被道德绑架，不易被他人利用。

综上所述，厚脸皮对于孩子来说是一项很重要的品质。当然，厚脸皮不等于死皮赖脸，厚脸皮在孩子成长过程中的真正释义，应该是"逆商"。换句话说，就是对孩子进行挫折教育。

所谓逆商（逆境商数，AQ），即孩子面对、战胜挫折的一种阈值。如果孩子逆商较高，在面对挫折的时候，就会泰然自若；在遇到失败的时候，就更有信心去扭转乾坤；在被困难阻挡的时候，就更想主动地去战胜它。

也就是说，逆商高的孩子，摔倒后，更容易爬起来。

（2）帮助孩子变"厚脸皮"，勇往直前

那么，父母如何帮助孩子练就"厚脸皮"呢？如图6-2所示。

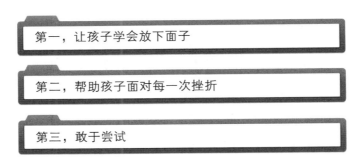

第一，让孩子学会放下面子

第二，帮助孩子面对每一次挫折

第三，敢于尝试

图6-2 培养孩子"厚脸皮"的法则

第一，让孩子学会放下面子。

脸皮薄的孩子往往非常在乎面子，无法克服心理障碍，容易失去很多机会。而厚脸皮的孩子，则更容易成功。所以，父母要从小教会孩子放下面子，别把面子看得太重，懂得放下面子，将来才更有出息。

第二，帮助孩子面对每一次挫折。对于孩子而言，遇到挫折打退堂鼓是再正常不过的事情了，而有些父母生怕孩子受打击，就会替孩子解决问题。但是让孩子勇敢面对挫折，才是锻炼孩子逆商最基本的方式。比如，孩子比赛输了，父母告诉孩子仅仅只是输了一场比赛，只要我们不小看自己，坚持努力，就会有更大的收获。这样既鼓励了孩子，也教会了孩子面对挫折，让孩子的内心在不知不觉中变得强大。

当孩子遇到困难时，父母应该引导孩子，而不是直接介入。一旦孩子有了解决问题的经验之后，遇到大风大浪也能从容地应对。

网上有这样一个故事，商场免费发放气球，妈妈陪伴自己的小孩练习如何向工作人员表达想要气球的想法。排练很多遍之后，妈妈突然拒绝了孩子想要气球的请求。

突如其来的决绝，让小孩子有点接受不了，妈妈这样安慰伤心的小女孩："我们在提出需求的时候，别人有可能答应也有可能拒绝，这都是很正常的事情，答应了就说谢谢，拒绝了我们就说没关系。"

第三，敢于尝试。脸皮薄的孩子担心别人的眼光，害怕承受失败，总是缺乏勇气。而"脸皮厚"的孩子不会谨小慎微，那些与自己无关的事情他们都可以抛之脑后，也不会因为人际关系瞻前顾后。

勇气是一种能力，也是让孩子"大胆做自己、勇敢尝试一切"的力量。父母应该鼓励孩子主动参加一些活动，给予一些机会让他们在众人面前大大方方地表达自己，这样逐渐锻炼下来也能培养孩子胆量。

臧老师语录

　　脸皮厚的孩子，有勇气，有抗挫折能力，不容易被失败和外界的指责打倒，将来他们更容易获得机会，赢得成功，也活得开心快乐。

2 练自信，自信的孩子眼里有光

自信的孩子，心中有梦，眼里有光。一旦孩子拥有了自信，就会对生活无所畏惧，敢于尝试，善于主动出击，能把握住机会。即使他遭遇失败，也能很快站起来。然而，自信的品质，并不是突然产生的，而是在孩子小时候慢慢被植入骨子里的。

（1）自信是可以后天养成的

我们来看一个案例。

放寒假了，明明的妈妈带着他回老家过年，亲戚朋友见到他就说，明明胆子小，内向，出门不爱和人家打招呼，这种性格在学校里可能会被其他小朋友欺负。显然，明明在亲友特别是老人家的心中，是一个缺乏自信的孩子。

8

　　为此，明明的妈妈没少说"明明要勇敢，多和亲友打招呼"之类的话。不过，明明并没有因为妈妈的夸奖而胆子变大，走亲访友还是不冷不热的，在不熟悉的环境下还是不敢去尝试。妈妈的实践成果没有在明明身上体现出来，她有些气馁，或许明明天生就不自信。

　　后来，有一件事让妈妈改变了想法。

　　有一次，明明的妈妈无意中从《动物世界》上看到小马、小鹿、小羊出生的情景：这些小家伙生下来的时候一动不动地趴着，但过不了几十分钟，它们就会奇迹般地站立并且行走，跟上它们母亲的脚步。这简直就是生命的奇迹。可是作为万物灵长的人类出生后很长一段时间，需要妈妈和其他人的照顾，否则可能无法在这个世界上生存下来。与动物相比，人类要学会某种生存方式需要一个相当漫长的过程。所谓"自信是天生的"，是一个伪命题。妈妈不再纠结明明不自信是不是天生的了，而是花时间培养他的自信。

（2）培养孩子的自信时，别犯这些错

　　这个案例告诉我们，自信是一个可以被培养出来的品质，而它破土发芽，茁壮成长的根就在原生家庭中！自信是可以培养的，但是很多父母在这件事情上的认识常常会犯以下三个错误，如图6-3所示。

第一个错误，最初以为自信是天生的

第二个错误，觉得一事自信，事事自信

第三个错误，认为孩子夸夸就会自信

图6-3 培养孩子自信常犯的错误

第一个错误，最初以为自信是天生的。很多父母会像案例中明明的妈妈一样给孩子贴标签，而且这个标签还是与生俱来的，比如孩子好动就是说天生的，孩子内向也是天生的，孩子没有自信也说天生的。其实，这些都是错误的认识。

第二个错误，觉得一事自信，事事自信。相信很多父母都是这么想的，以为孩子在某一件事情上很自信，其他事情也能自信满满地去完成。其实，我们在有的事情上自信，有的事情上不自信。很多优秀的妈妈未必个个都自信，甚至见到比自己更优秀的，就失去了自信。如果你非拿自己的短处和人家的长处相比，信心永远都会被比下去。

第三个错误，认为孩子夸夸就会自信。很多妈妈都对孩子说过，"宝贝你真棒""你真勇敢""宝贝很厉害"之类的话。只要你细心观察就会发现，孩子并没有在你的夸奖中变得自信。有时候孩子反而因为你的赞美之词而退缩。

（3）练自信，跟着这三步走

到底如何培养孩子的自信呢？如图6-4所示。

图6-4 培养孩子自信"三步走"

第一步：创造机会让孩子去做事。在居民小区里，我们经常会看到这样的情景。

孩子蹲在地上玩，当他们开始要探索时，在一旁的父母会不断提醒"别乱摸""不要乱动""很危险"。孩子的膝盖摔伤了不要紧，过两天就好了，但是勇气丢了就是一辈子的事儿。孩子就在父母的保护声中丢掉了勇气。

这种随时随地解救孩子的"直升机父母"时刻盘旋在孩子头上，过度的保护和溺爱使孩子永远没有机会去做事。孩子吃饭，妈妈要喂；孩子洗手，妈妈要帮忙；孩子做作业，妈妈要监督。总之，一切有妈妈在，妈妈告诉孩子什么可以做，什么不可以做。直到有一天，孩子突然要离开你，你才发现孩子自理能力好差，甚至不知道如何与身边的人相处。这时，孩子就会对新的生活不知所措，失去信心。你希望孩子成长，希望孩子自信，却不给孩子任何机会去锻炼，这是孩子没有自信的一个重要原因。所以，对孩子来说，去做事情阻碍重重。

孩子没有自信的另一个原因，是父母常常幻想孩子不学就能掌握某种能力或技能。很多妈妈在孩子刚刚上小学的时候都会有些焦虑，孩子回到家写作业拖拖拉拉，或者玩半天都不肯去写作业，需要家长反复催。

你没有教会孩子时间管理，就试图让他自觉完成作业，那几乎是不可能的。人不是到了某一个时间自有某种能力，能力是需要去培养的。那么，能力究竟如何培养呢？让孩子从小参与家务活，孩子通过做家务，既可以从中得到锻炼，又可以获得成就感（为家庭贡献和与家人合作），还可以在做事情的同时收获自主分配时间的能力。

第二步：让孩子发现自己能做到。通过让孩子去做一件事情，让他尝试到自己有做到某件事的能力，并愿意再尝试。这是一个能力构建的循环。当然，能力的获得不是一蹴而就的，其间，孩子可能会犯很多错。作为父母，你允许错误发生，你允许孩子慢慢来吗？

在孩子学说话、学走路的时候，父母会不厌其烦地去教。你不知教了多少遍，孩子才学会叫妈妈；孩子不知摔了多少回，才学会迈出一步。当孩子能叫一声妈妈或迈出第一步时，我们会发自内心地喜悦。但是随着孩子慢慢长大，我们常忘记自己是一个有耐心的父母。孩子写作业，教了几遍，他还写错，有的父母会骂孩子笨。事实上，不是孩子笨，是我们根本没有给孩子足够的自信，足够的耐心，让他一步步来。

在生活中我们怎么样帮助孩子发现他的能力呢？从尝试到经验的获得，再到能力的发现。当孩子开始尝试一件新的事情时，首先要勇于试错，让孩子在错误中学习，然后手把手教，一次进步一点，最后帮助孩子发现他们的能力。

比如，教孩子学煎鸡蛋，一开始打鸡蛋，孩子会把蛋壳一起倒进碗里。后来随着一次一次的尝试，妈妈在旁边指导，最后孩子可以完整地把鸡蛋打进碗里。一开始煎蛋，也不可能煎得很好，都是经过很多次尝试，允许孩子一步一步来，最后他才掌握了这项技能。

能力是自信的基础，但并不是有了能力就一定会自信，所以我们需要做好最后一步。

第三步：肯定孩子。很多父母喜欢给孩子贴标签，不管这些标签是好还是坏，我觉得都是在限制孩子。

父母都有带孩子去打预防针的经历，孩子遇到打针通常会比较害怕，尤其是看见排在他前面的孩子打针时哇哇地哭，他内心就更害怕。这时候，父母会对孩子说："你胆子别那么小，你看那个小妹妹，她比你还小，她都没有哭。"孩子就这样被父母贴上了胆小的标签，他也可能因此更害怕。

正确的方法应该怎么做呢？

打针之前，我们可以先和孩子共情，分享你的经验。比如对孩子说，妈妈看到你有点紧张，打针的确有一点点疼，但很快就能好。孩子配合得很好打完针后，我们可以再关心一下孩子刚刚打针疼不疼。如果孩子回答有点疼，你要肯定他的感受，说："刚才宝贝有一些害怕，但是知道打针对身体有好处，所以乖乖地让护士阿姨打，这叫作勇敢。"

有时候，我们还会给孩子很多赞美和肯定，比如，"你真棒""你又考一百分""很好，你真是班里最棒的孩子""你真乖，真听妈妈的话""我早知道你可以做到，你真厉害，下次保持哦"。像这样肯定孩子的话，并不能让孩子真正建立自信。

赞美就像糖果，我们可以偶尔用，但用太多会令人上瘾。所以，我建议用鼓励的方式来肯定孩子。只有正确的鼓励才能帮助孩子发展出有能力和自我价值的自信。

正确鼓励孩子有三种方式，如图6-5所示。

图6-5　正确鼓励孩子的方式

第一种，描述型鼓励。比如说我们看到孩子在打扫卫生，可以这样说："妈妈看到你把桌子的边边角角都擦得很干净，还看到你主动去倒垃圾。"这种描述方式就像拍照还原了过程。

第二种，感谢型鼓励。发自内心地感谢孩子对家庭的贡献，用"谢谢你"的句式来表达。

比如，妈妈在准备上网课的时候，孩子安静地在一旁画画，孩子的配合让妈妈安心准备课程，所以妈妈很感动。课程准备完后，妈妈就要对孩子说："妈妈谢谢你，因为今天你很配合，你一直坐在妈妈旁边，而且不哭不闹，因为你的配合，所以妈妈今天的课堂准备得很顺利。"

第三种，授权型鼓励。"你这次考试得了一百分，妈妈相信这是你自己努力的结果。"

最后，我们来总结一下构建自信的方法。第一，你在家里是不是给了孩子机会去做事情，从而获得能力？第二，你是否帮助孩子发现自己具有这种能力，能力是自信的基础。第三，能力被肯定使他获得动力和自信，从而更愿意去尝试着做事。第四，孩子愿意去做事，发现自己做到后获得肯定，被肯定之后更愿意去尝试，这样慢慢就建立了自信的循环。

教育的目的不只是传授已有的知识，还要从孩子的灵魂深处唤醒他沉睡的自我意识，这也是孩子的个体创造力、生命感、价值感的觉醒。在教育的过程中，父母不仅要从外部解放他，而且要解放他的内部力量，这才算得上是成功的教育。

臧老师语录

自信是孩子行动的原始动力，是孩子取得成功的法宝，希望孩子将来想去任何地方做任何事情的时候，都能自信地说做就做。

3 练口才，学会赞美和拒绝他人

口才就是一个人驾驭语言的能力，同样的意思，不同的人用不同的表达方式，效果是截然不同的。有时候孩子的一句话可以说乐一个人，也可以说恼一个人。等孩子长大一些，就可以说成一件事，也可以说败一件事。所以，父母要有意识地从小培养孩子的好口才，让孩子未来更有竞争优势。

（1）有意识地从小培养孩子的口才

练就好口才，到底会给孩子带来哪些变化呢？以下几点，将在实践中给孩子带来变化，如图6-6所示。

第一，学习口才能够锻炼孩子的语言表达能力

第二，学习口才可以增强孩子的自信

第三，学习口才提升孩子未来竞争力

图6-6　口才对孩子的重要性

第一，学习口才能够锻炼孩子的语言表达能力。孩子在成长的过程中，打好语言的基本功，才能流利地表达出自己的意图，把道理说得很清楚、动听，使别人很乐意地接受。如何去训练孩子的口才呢？家长不妨用生活体验最深的形式对孩子进行口才培养，从语音肢体、语言思维等方面对孩子进行全方位地激发。

第二，学习口才可以增强孩子的自信。让孩子在自信中找到快乐，找到成功。或许孩子小，还不知道什么是成功，但是他体验到快乐，就是成功了。成功可以给孩子勇气，可以给孩子丰富的想象力，可以改变孩子的性格。处于幼儿这个年龄，正是大胆想象，敢于想象的时候，想象是最重要的能力。有些孩子不敢想象，或者不知道想象，通过学习口才，它在脑海中就会产生一种映像，这种映像既是有形的，又是无形的，既是抽象的，又是具体的，它决定孩子今后的创新能力。这种想象能力的培养是非常可贵的，可以为孩子今后写作文打下良好的

基础，提高孩子的综合能力。

第三，学习口才提升孩子未来竞争力。未来社会竞争更加激烈，要想有所成就，还需要提高自己的综合素质。这不仅需要有丰富的内在的知识，需要外在的表现能力和水平，其中口才就是一个重要的方面。每个父母都不希望自己的孩子性格内向，说话腼腆，甚至不敢在众人面前说话，更不希望自己的孩子说话语无伦次，缺乏自信。相反每个家长都希望自己的孩子充满自信，讲话抑扬顿挫，出口成章，想象力丰富，保持一种昂扬向上的精神风貌，那样自己的孩子就会有更大的发展空间。

总之，口才训练可以提高孩子的自信心和胆量，克服孩子的恐惧感，使孩子不再内向、胆小和害羞。口才训练还可以激发孩子的表现欲望，培养他们积极的处世心态和顽强的拼搏精神，使孩子心理更健康，更阳光，更可爱，说话更具幽默感。

孩子拥有好口才是每个家长都希望的，家长都在想办法来提高孩子的口才。可是，练口才也需要讲究方法，关键是要掌握有效的技巧。好的口才，是让别人爱听、开心，也不会因为被拒绝而受到伤害。所以学会赞美和拒绝他人，是孩子练好口才的重要前提。

（2）学会赞美别人

怎样让孩子学会赞美别人呢？如图6-7所示。

第一，赞美别人一定要真诚

第二，可以直接赞扬

第三，可以间接赞美

第四，赞美要对事不对人

图6-7　如何赞美别人

第一，赞美别人一定要真诚。赞美不是虚伪地胡乱夸赞，也不可以用漫不经心的态度，一定要用认真诚恳的表情来赞美他人。

比如，别的同学把事情搞砸了，你却"不失时机"地赞美道："你做得真好，我想做还做不到那个样子呢。"这个时候，赞美就变成一种讽刺。

不真诚的赞美往往会起反作用，它不但会使别人不舒畅，还会伤害别人。实际上，真诚的赞美与虚伪的谄媚有着本质区别：前者看到和想到的是别人的美德，而后者则是想从别人那里得到非分的好处。只有真诚赞美别人的人，才能真正得到别人的爱。

赞美有时候没有必要去刻意修饰，只要是源于生活，发自内心，真情流露，就会收到赞美的效果。

第二，可以直接赞扬。教孩子以具体明确的语言、表情称赞对方的行为。

例如，赞扬同学的作文写得非常好，可以说："你的作文写得真好，我要是也有你那么好的文笔就好了。"

这样平实的话语里充满羡慕，让别人觉得很舒服。即使被赞美者知道自己的作文写得没那么好，也会对称赞者平添一份友好的感情。

此外，赞美长辈则应怀着敬佩、尊重、学习的心情。

第三，可以间接赞美。教孩子以眼神、动作、姿势来赞美和鼓励别人。一般的人对表情和动作的感受远远超过对语言的感觉。

例如，教孩子用微笑、惊叹或是夸张地瞪大眼睛表示对别人能力的倾慕和敬畏，这种方式是容易被对方接纳的。

另外，如果想让孩子有赞美别人的习惯，父母首先要学会赞美孩子。恰当地赞美别人是很重要的，它能拉近彼此的距离，让别人对你充满好感、充满信任。生活中，只要孩子注意到了这一点，经常恰当地赞美别人，将会改变孩子的生活，让孩子生活在爱的世界里，体会到爱的快乐。

第四，赞美要对事不对人。赞美绝不是阿谀奉承，教孩子赞美别人不能毫无根据，只是说："你真是一个好人！"那样的赞美是毫无意义的。所以，一定要赞美事情的本身，这样对别人的赞美才可以避免尴尬、混淆或者偏袒的情况发生。

比如，父母带孩子到朋友家做客，朋友准备了美味的饭菜，这时候，父母可以让孩子这么说："阿姨，你做的饭真好吃。"而不要只是说："阿姨，你真好。"

（3）拒绝他人：让孩子学会说"不"

有些父母比较强势，不喜欢孩子反对自己，对于孩子的意见，更是抛诸脑后，一旦孩子与自己意见相悖，不是直接呵斥就是充耳不闻，什么事情都喜欢给孩子包办，挂在嘴边最多的一句话就是"你听爸爸妈妈的就行"。所以就会养成别人说什么自己就做什么的性格，又怎么会理性地拒绝别人呢？

如何教会孩子拒绝别人？如图6-8所示。

第一，教孩子学会延迟响应别人的请求

第二，让孩子明白拒绝也是保护友谊的一种方法

第三，拒绝的同时，提出另外的建议供自己和对方选择

第四，教孩子坦然接受拒绝别人的后果

图6-8　拒绝他人的方法

第一，教孩子学会延迟响应别人的请求。如果孩子不想答应别人的请求，父母可以教孩子用一拖再拖的办法。推迟别人的请求，比如说"我再考虑考虑""我想好了再跟你说"等，这都是一种委婉拒绝别人的方法，别人也会从孩子的推迟中，明白他的意图，也不会使双方过于尴尬。

如果做不到直接拒绝别人，那就学会等一等，想一想，想好了再回答。有些孩子不敢直接拒绝别人的要求，虽然心里不愿意，但还是会习惯性地回答说："那好吧。"

出现这种情况，父母要找机会跟孩子聊，让孩子知道拒绝别人，并不是别人提出的所有要求都要答应，不要因为"不答应别人"这一点而产生心理负担。当别人提出的事情是自己不愿意做的事，但又不好意思直接拒绝的时候，我们可以教孩子说："等等，我还没想好呢。"

然后，引导孩子自己好好想一想：是不是真的要答应对方去做这件事？

比如，对方要求孩子不跟另外一个小朋友玩，可以让孩子问问自己："为什么我也不跟那个小朋友玩呢？我觉得和她一起玩的时候很开心，如果我答应不跟她玩了，我会不会不开心呢？如果我不答应，会有什么后果？提出要求的这个人会因此也不跟我玩了吗？"

总之，告诉孩子：没想好的时候，就多想一想，不要急着拒绝，也不要勉强答应，感到为难或者想不出办法的时候，可以及时告诉父母，让父母帮助自己一起来面对和解决问题。

第二，让孩子明白拒绝也是保护友谊的一种方法。如果孩子很不情愿做某件事，而又不好意思说出，如果勉强为之，时间一长，就会认为朋友不体谅自己，从而破坏了友谊。

例如，孩子的同学周末想邀请他去打乒乓球，而孩子想打篮球。就让孩子坦诚地对同学说："我对乒乓球不感冒，我想去打篮球。"再见面时，俩人可以一起聊聊各自打球的技巧，还可增进友谊。

第三，拒绝的同时，提出其他的建议供自己和对方选择。

比如，孩子从幼儿园放学，同学邀请他去家里玩，但孩子不想去，父母可以教孩子这样说："谢谢你，不过今天我有事，我们下一次再约好吗？"

第四，教孩子坦然接受拒绝别人的后果。直接拒绝别人，别人也许会不高兴，但是委婉拒绝别人，别人可能还是会不高兴。父母要告诉孩子，这些都是被拒绝后的正常反应，不要因为别人不高兴而让自己不高兴，不要因此让这件事成为自己的心理负担，也不要过于担心因为自己拒绝了别人的要求而失去了这份友谊。

　　父母正好可以和孩子聊一聊：什么样的朋友才能成为真朋友？

　　一定是互相尊重，互相照顾对方的感受的人，不会勉强甚至强迫对方做他不愿意做的事的人，才会最终成为真正的朋友。

　　父母应尽早让孩子明白：在日常生活中，我们会拒绝别人，别人也会拒绝我们，这都是很正常的现象。所以，我们既要学会如何得体地拒绝别人，照顾别人的感受，也要做到当别人拒绝我们的时候，我们能坦然接受，不必因此而不开心。

　　与此同时，父母可以抓住机会，鼓励孩子多关注自己内心的感受，学习怎样用语言表达自己真实的想法，逐步培养孩子独立思考和自主选择的能力，让孩子在面对说"要"还是说"不"的选择过程中，学会自然接受那些自己愿意做的事，大胆拒绝那些自己不想做的事。

臧老师语录

　　处在瞬息万变的时代，让孩子从小锻炼好口才，提高和培养语言表达能力，孩子才能在未来更有竞争力。

4 练胆识，
磨练孩子的领导能力

　　生活中有的孩子好像天生就有一种"小领袖范"，说话有条理、做事果断，别的孩子都很信服他，都愿意当他的"小跟班"。与之对比的是，有的孩子内向、胆小、不敢和别人说话，很难融入集体中。两者的区别就在于是否具有胆识和领导力。

　　"胆识"是一个人获得成功必不可少的特质，因为有胆识、领导力的人，在遇到事情时，可以排除众议，坚持自己的想法；在发现机会时，他不会犹豫不决，畏首畏尾的。当孩子具备领导力思维时，像内向、胆小、不敢和别人说话等问题其实也就烟消云散了。

（1）如何训练孩子的胆识

　　勇敢而有胆识是孩子重要的品质，但是很多父母为孩子的

181

安危担心，为防止万一，求保险，而加倍保护，使孩子失去了锻炼的机会。因此，做父母的需要为孩子的将来着想，鼓励孩子大胆做一些力所能及的事情，做一个勇敢的孩子。

培养一个有胆识的孩子，父母需要做到以下几点，如图6-9所示。

第一，父母不要吓唬孩子

第二，鼓励孩子多运动

第三，培养孩子的决断力

第四，有勇更需有谋

图6-9　培养有胆识的孩子的法则

第一，父母不要吓唬孩子。许多父母经常会这样吓唬孩子："外面有蛇，你不能去！""不许动，别摸，它会咬人的！"其实父母只是为了防止孩子乱跑而吓唬孩子，但是孩子由于受认知水平的限制，并不知道大人的话是真是假。这些经历，会在孩子的心里留下可怕的阴影，时间长了，孩子的胆子就会越来越小。

如果孩子害怕的东西很现实，比如晚上怕黑，白天怕狗，父母不要斥责，不要强行逼迫孩子克服心理恐惧感，而要耐心等待，最好先陪孩子一起努力，慢慢过渡，最后放手让孩子自己试。

第二，鼓励孩子多运动。运动是培养勇敢品质的最好办法，陪你的孩子玩球、骑脚踏车、游泳……多运动不但可以锻炼孩子的体能，也会让他变得更勇敢。

培养孩子学会游泳的唯一办法就是跳入水中，锻炼勇气的唯一途径就是行动。因此，父母在确保孩子安全的前提下，应鼓励孩子去做一些大胆的举动。

第三，培养孩子的决断力。我认为，无论大事还是小事，只要自己认为办得好的，就坚定地去办。俗话说"当断不断，反受其乱"，有勇气判断情况，做出决断，是孩子做事成败的关键，也是一个孩子有胆识，具备领导能力的重要标志。

决定不下来而坐失良机可能使孩子后悔不已，草率决断，也同样会使孩子遗憾终身。许多成年人对情况不做系统的整理，也不做建设性的结论，而是担心着急，磨时间，同样让机会从眼皮底下溜走。这种坏习惯的养成就是由于从小缺乏决断力。因此，父母就要从小培养孩子的决断力，家里的许多事，从小到大，慢慢地交给孩子来处理，这样孩子的决断力就会在实践中渐渐养成。

父母可以通过行为训练的方式来提高孩子的决断力，比如带孩子到大超市购物，在各种各样的商品面前，马上做出决定是否购买。

第四，有勇更需有谋。胆识不是只有胆子没有谋略，中国自古以来就强调要智勇双全，只有智勇兼备，才是真正的大勇、大智，若有勇而无智则无以建功立业。勇气一旦插上智慧的翅膀，就会产生无比的力量，而人离开了智慧，就只是一个彻头彻尾的莽夫。这种人往往成事不足，败事有余。

勇可以使人们做出决断，智可以让人们认识事物、发现规律。倘若只讲勇敢，不讲智慧，勇敢往往会导致蛮干、瞎干。因此，勇敢必须以智慧为前提，只有有智之勇，才能使人们获得成功。

所以，在孩子做出勇敢的行为之前，必须教孩子学会思考，学会对所冒的风险做出考虑，然后再决定采取什么方法，才能取得最大的成功。

（2）磨练孩子的领导能力

有一次，我看见一群几岁的小伙伴在玩过家家。在玩的过程中，他们自发地就形成了领导与被领导的关系，有个孩子就发号施令，指导其他孩子干工作，而且有条不紊，显然像个"指挥官"，而其他孩子都服从他的指挥。在这个活动中，这个孩子的领导才能得到了表现，也得到了锻炼。

如何磨练孩子的领导能力呢？如图6-10所示。

第一，引导孩子多与同伴交往

第二，引导孩子多参加一些学生社团活动

第三，多让孩子独立做事

第四，支持孩子在学校当学生干部

图6-10　磨练孩子的领导能力的方法

第一，引导孩子多与同伴交往。与有着各自不同的想法、看法以及生活方式的伙伴们接触、交往，孩子才会逐渐学会分享与谦让、领导与被领导、自持与协调，培养独立见解以及怎样控制局面的能力。

学会如何处理集体和个人关系的方法，培养孩子成为乐群善交的人，而不是"害羞鬼"或"暴力娃"。每一个孩子只有参与到社会群体中，才能学会在社会公众中的行为方式。

第二，引导孩子多参加一些学生社团活动。孩子领导力的培养，一方面是在玩耍和游戏的时候，孩子在玩乐中培养协调作用及担任领导角色的能力。另一方面则是在学习和小团队管理中，孩子学会不断地争取机会，锻炼自己。如果经常让孩子参加一些团队活动，从小组长开始负责一些事项，孩子的领导能力就会慢慢地提高。

第三，多让孩子独立做事。在家里，有些事情孩子是可以独立解决的，把孩子的自主权利逐步地放宽，使孩子在家中也有独立解决问题的机会。比如买东西时给孩子选择权，家庭事务适度征求孩子的意见，有时候也可以让孩子当几天"家长"等。

第四，支持孩子在学校当学生干部。领导能力一般指有自信、毅力去承担责任的勇气，分析"大问题"、制定计划的能力，善于用人、善于组织的能力，理解别人、与人沟通的能力。这些能力不是生来就有的，需要不断在实践工作中得到锻炼。因此，父母要创设条件，支持孩子在各种场合表现自己，做同伴的领袖。

臧老师语录

具有领导力的孩子总能为王，从政能为官，经商能致富，即使当服务员，也是领班。

5 练沉稳，遇事能淡定自若

让孩子学会遇事冷静，沉着应对突发事件，是每一位家长在育儿过程中的必修课。我们应该教育孩子，要有勇气去积极而冷静地面对困境。

哈尔滨市的一栋楼房发生了火灾，当时，13岁的男孩小邵在家里闻到烟味后，看到有一住户家着火了。他马上捂紧口鼻，敲邻居的门让他们赶快出来，并且第一时间报警，在路口等待消防车。孩子的行为也受到了消防员的称赞，他们说，由于他报警及时，做事有条不紊，将损失大大减少。

这个13岁的孩子，由于遇事冷静，不仅救了自己，也让身边的人避免了一场悲剧的发生。

遇事沉稳不慌乱的孩子，不仅拥有随机应变的能力，还拥有处事不惊的魄力。面对险境不慌乱，他才能够更好地思考问题和解决问题。

培养孩子面对突发状况的能力，遇事沉稳，能淡定自若，是父母给孩子最大的财富。那么，如何培养孩子的这种能力呢？如图6-11所示。

图6-11　让孩子遇事沉稳的方法

（1）多见世面，处变不惊

孩子见多识广，在未来的人生道路上遇到问题时才能处变不惊，从容不迫，也会让他的路越走越宽。

小华从小经常跟着妈妈去上班，也跟着爸爸去见客户，跟着父母一起去商店、去银行、看演出、去图书馆……

由于从小见多识广，小华很少让父母帮自己做事情。

小华去外地上大学时，父母还担心他一个人找不到坐飞机、取行李的地方，可是小华却很从容地说自己可以。因为他早已习惯了自己一个人去处理事情，有的事情就算父母没有教过他，他也自己暗暗地记在心里了。

到了大学所在的城市，他不动声色地观察方位，很快地记住了周围的街道和方向，然后不紧不慢地自己找到了学校。

遇事沉稳，能淡定自若，是解决生活上的困难的武器，它比书本上的知识有价值得多。

（2）独立思考，亲身实践

哲学家亚里士多德说过，人生最终的价值在于觉醒和思考的能力，而不只在于生存。这份觉醒对孩子来说，越早越好。因此，让孩子养成独立思考、亲身实践的习惯，孩子就会变得沉稳，遇事能不慌乱，从而随机应变。

有一个小女孩，跟着卖水果的妈妈相依为命。

妈妈看到女儿不会削菠萝皮，就亲自削给她看，女儿很快学会了削菠萝皮。妈妈亲自为女儿做的冰菠萝，女儿觉得很好吃，并提议做成菠萝冰棍拿去市场卖，母亲欣然答应。但是，女儿带着冰棒箱在集市上吆喝半天，却无人问津。妈妈给她出主意："那你应该去市场看看，别人是怎么卖东西的。"

经过仔细观察和思考，女儿总结出了方法。小女孩回到家后，亲手做了一张广告宣传画，并贴在冰棍箱上，还配了广告词："像雪一样的菠萝冰棍，一支4元，三支10元。"

经过这次改进方法，小女孩的冰菠萝很快卖完了。

在妈妈的引导下，女儿学会了观察和思考，解决了遇到的困难，并从中学习到一项生存的本领。

（3）沉着冷静，心态先行

有些孩子一遇到问题就紧张，脑子一片空白，束手无策，不知该怎么办；有些孩子平时学习成绩很好，可是一考试，就会很紧张，该答的也答不上来，结果不能正常发挥，影响了考试的成绩；有些孩子心理素质很差，想说的话不敢说，想要的东西不敢要，经常畏畏缩缩；有些孩子一遇到问题就惊慌失措，只知道找爸爸找妈妈，要不就会哭。这样的孩子往往在人生的关键时刻发挥不好，从而影响自己的发展。

那么，如何教孩子遇事沉着冷静？

那就是帮孩子养成遇事思考的习惯。一个人养成了思考的习惯，就会在遇到问题时下意识地去想一想，即使正在情绪上。一个人如果能养成凡事都思考的习惯，就能在情绪上来的关键时候提醒自己及时刹车。

如何帮孩子养成爱思考的好习惯呢？如图6-12所示。

第一，让孩子多读书、多听故事

第二，抓住时机经常对孩子进行心态方面的教育

第三，为孩子营造宽松的成长环境

图6-12　如何帮孩子养成爱思考的好习惯

第一，让孩子多读书、多听故事。孩子在读书、听故事的过程中，因为不断地对所读、所听故事进行回想、体味、吸收和消化，从而不知不觉养成喜欢思考的好习惯。

第二，抓住时机经常对孩子进行心态方面的教育。对一些已经发生的悲剧事件，可以与孩子一起进行思考、讨论：为什么会发生这样的悲剧？是什么造成的？这样来启发孩子全面、深入地思考，从而养成遇事能三思而后行的习惯。

第三，为孩子营造宽松的成长环境。一个人偏执、冲动、易爆，天性的因素固然有，但最主要的原因，是环境对一个人的塑造。

很多人偏执、易冲动、易爆性格的形成，往往小时身边有一个这种性格、处事模式的成年人。从小就活在比较压抑的环境里，内心的能量长久难以得到释放，所以一旦遇到问题就容易一下爆发出来。而那些性格平稳、遇事不急的人，平时就能及时释放自己内心的负能量。

希望孩子能做一个遇事理性、不冲动的人，父母平时就应关注孩子的情绪与心理，为孩子营造一个宽松的成长环境。

 **臧老师语录**

培养孩子面对突发状况的能力，遇事沉稳，能淡定自若，是父母给孩子最大的财富。

6 练心智，
不生气、不计较、不被人激怒

心智，是指各项思维能力的总和，用来感受外界的事物，观察和理解事物间的联系，判断正确与否，推理事情的发展方向等，从而影响人的行为。

心智训练对孩子的成长具有重要作用。现在，越来越多的家长开始意识到，孩子能成才，需要不同于智力的另一种智慧，就是心智情商。

（1）了解孩子心智成长的规律

孩子的心智成长，包括心智发育、成长到成熟，都有一定的规律可循。

孩子的心智成长可以分成以下五个阶段，如图6-13所示。

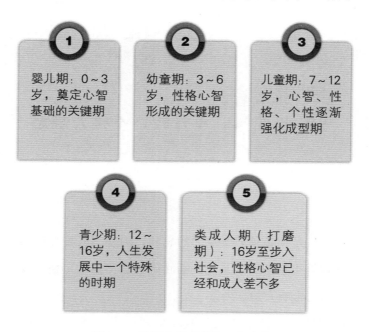

①
婴儿期：0～3岁，奠定心智基础的关键期

②
幼童期：3～6岁，性格心智形成的关键期

③
儿童期：7～12岁，心智、性格、个性逐渐强化成型期

④
青少期：12～16岁，人生发展中一个特殊的时期

⑤
类成人期（打磨期）：16岁至步入社会，性格心智已经和成人差不多

图6-13　孩子心智成长的五个阶段

婴儿期：0～3岁。这段时间是一个人奠定心智基础的关键期，亲子关系的好坏，父母、保姆或其他花很多时间带孩子的人与孩子的互动模式，孩子受到呵护的程度，都将会影响孩子的心智成长。如果这个时期照顾得当，处理得好，就会给孩子心智发育奠定良好的、坚实的基础。孩子也只有打好这些坚实的基础之后，才能发展出积极的人格、健全的心智。如果把一个人的心智成长过程比作制作蛋糕，那么这个时候相当于制作蛋糕前的原材料准备，需要好的面粉、好的鸡蛋，并且要和好

面，准备好待发酵的面团。

幼童期：3～6岁。这段时间是一个人性格心智形成的关键期，一个人的性格雏形初步形成，心智轮廓逐步成型。因此这个时期是积极训导，培养孩子优良性格品质、良好生活习惯，打造健全心智的最佳时期。这个时候相当于制作蛋糕中的捏制成蛋糕雏形的阶段。

儿童期：7～12岁，心智、性格、个性逐渐强化成型期。这个时期相当于心智品格的"烧制"过程，把幼儿期打造的雏形、模子强化固化。这个时候仍然可以干预，但需要花费更多的精力和毅力方能奏效。这个时期和过程有点类似制作蛋糕的烤制过程，稍有不同的是，心智成长过程是随时可以干预的。

青少年期：12～16岁。这是人生发展中一个特殊的时期，青春期发生的一些生理变化，会给孩子的心智发展带来一些不可预知的影响。这个阶段相当于瓷器烧制即将出炉的时期，很敏感很脆弱，不小心就会出现裂缝或划痕甚至破裂。这个时候，更突显前面几个时期的准备工作的重要性，好的原材料、好的雏形、好的烧制过程，将会降低青少年期失败的概率。可以想象，如果前面的原材料不好，捏的雏形不好，烧制过程不恰当，这个时候出来的不会是什么好形状的蛋糕。

类成人期（打磨期）：16岁至步入社会。这个时期，性格心智已经和成人差不多，本质上已经成熟成型，只是在与社会环境互动的时候，根据环境情况对外在表现做些调整和适应。

这相当于蛋糕制作的包装出售阶段。

（2）成熟的心智养成

如何才能培养孩子具备成熟的心智呢？我们从以下十个方面塑造孩子的心理性格品质，如表6-1所示。

表6-1　培养孩子具备成熟的心智模式

指标（维度）	内容
爱心	爱，是使我们生活更加和谐与幸福的源泉
进取心	不满足于现状，坚持不懈地向新的目标追求的蓬勃向上的心理状态，一个人成功的基本要素
好学	强烈的求知欲，是个人不断成长的保证
正直	为人之根本，是遵循自己的价值观、勇于追求自己梦想的力量源泉
责任感	立足于家庭、社会的基本品质，最不可或缺的素质
自律	一个人控制自己思想感情和行为举止的能力，意志是否坚定不仅关乎能否成功，更关乎能否抵制各种不良诱惑，健康成长
自信	超越自己、克服困难是充满信心面对生活的不二品质
自尊	正确的自我认知和评价，是一个人心理健康与否的基础指标之一
目标	伟大的目标，产生伟大的力量！有了目标，内心的力量才会找到方向
乐观	最积极的性格因素，最积极的生活态度，相信明天总会更好，永远微笑面对生活

上表中十大指标（维度）指出了培养孩子心智情商的方向，如果能够在日常生活中注重孩子这些方面的培养，孩子的心智成长就不会差。

在孩子的心智训练中，有一点特别重要，如何教育孩子不生气、不计较、不被人激怒。

首先，多陪伴孩子。脾气暴躁的孩子，内心一般都异常孤独，遇到问题不知道找谁解决，只能通过发脾气来解决。所以，父母需要陪伴孩子，鼓励他说出自己的问题，带着他一起解决。

其次，磨练孩子的耐心。在顺境中孩子的耐心很难培养起来，所以家长不妨适当给孩子设置些障碍，创造克服困难的机会，从而培养孩子的耐心。孩子在克服困难的过程中，家长需要多鼓励孩子，给他们克服困难的勇气。当孩子完成一件事情的时候，家长要及时给予孩子表扬。这样还能强化孩子做事有始有终的习惯，对于孩子未来的成长是有好处的。

最后，教给孩子情绪管理的方法。当孩子发脾气时，告诉他："我看到你现在很生气，你的心情我能理解，但发脾气是解决不了问题的，你先冷静冷静，我到另一个房间去，当你冷静下来，再过来跟妈妈说。"无论孩子多大，只要每次他发脾气，就坚持这样做，孩子就知道如何处理自己的情绪了。

准确地表达自己的情绪，是处理情绪的开端。那么，如何教孩子识别自己的情绪？父母可以从以下几个方面展开。

第一，帮助孩子积累表达感受的词语。父母是孩子的情感导师，可以抓住日常生活中的机会教孩子掌握一些表达感受的词语，让孩子懂得如何描述自己的感受。比如，当孩子被作业难住时，可以对孩子说："你现在很郁闷吧？这道题好像很难。"当孩子被别人欺负时，可以对孩子说："你现在很伤心吧？"当孩子被误解时，可以对孩子说："你是不是很委屈啊？"

第二，告诉孩子一些关于感受的身体反应。父母可以教给孩子一些基本常识，让孩子了解当遭遇某种情绪的时候，身体会有什么样的反应。比如，害羞时，脸会变红；愤怒时，会咬牙切齿；沮丧时，会垂头丧气；高兴时，会手舞足蹈等。

第三，教孩子通过观察来识别他人的感受。平时可以在带孩子出去玩或去超市购物的过程中，让孩子多留意一些场景，观察和识别他人的情绪。比如，很多人一起排队时，突然看见有人插队，让孩子观察被挤到后面的人的反应，了解他人生气的感受。也可以通过角色扮演游戏，让孩子感受别人的情绪。从他人的情绪反应中，孩子会逐渐领悟到积极情绪能让自己和对方快乐，消极情绪会给自己和对方造成痛苦，不利于事情的解决。

第四，利用机会让孩子描述自己的感受。只有知所想，才能知何解。可以利用真实场景，也可以通过玩游戏的方式，来为孩子创造机会描述自己的情绪。平时，父母可以在孩子有情绪的时候这样问："你是什么感觉啊？""妈妈看见你很生气、难过，能告诉我发生了什么事吗？"通过这种方式引导孩子表达自己的情绪及发现自己情绪的原因，有利于提高孩子的情绪敏感度。

总之，教会孩子分辨自己的情绪，做自己情绪的小主人，心智就会逐渐成熟起来。孩子和大人一样，都是不经一事不长一智的。所以，多多引导孩子，也多给孩子一些自己处理问题、自己做决断的机会。

臧老师语录

有粗壮的根，深深地扎入地下，树木因此能承受风吹雨打，能挺得过严寒酷暑。孩子也一样，只有经过了人世间的风吹雨打，心智才会更成熟，才能更好地保护自己。

7 练气质，腹有诗书气自华

"腹有诗书气自华"是从内心散发出的一种气质，并非指外貌。肚子里有着渊博的学问，气质自然会充满光彩。读书带给人丰富的思想、感悟，会使人自然而然地变得沉静和自信，这与茫然少年的气质就是完全不同的。

坚持阅读，可以让孩子形成从内到外的气质。

让孩子爱上读书，坚持阅读，是父母能给孩子最好的礼物。读书多了，容颜自然改变许多。自己可能以为看过的书籍都不能记忆，其实它们仍潜藏在气质里、在谈吐上，当然也可能显露在生活和文字中。

阅读是最简单也最有效率练气质的方式。帮助孩子养成爱读书的习惯，从很大程度上说，就给孩子提供了一种快乐的生活方式。

在经济迅速发展的今天，阅读是学习的基础，良好的阅读习惯与能力，能让孩子厚积薄发。阅读是长期的，日积月累的，潜移默化的，是伴随人的一生的，所以每个家长都要从小重视孩子阅读潜能的培养，用正确科学的方式来引导孩子阅读，让孩子爱上阅读、乐于阅读、勤于阅读。

既然读书是一种好习惯，父母也想训练孩子的诗书气质，那怎么做到呢？如图6-14所示。

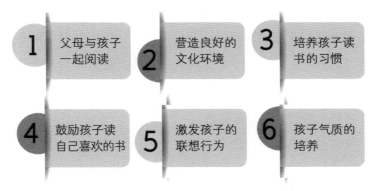

图6-14　训练孩子诗书气质的途径

（1）父母与孩子一起阅读

父母下班回家，首先就是打开手机，这种行为已经深入孩子的内心了。如果从现在开始你回到家中，首先拿起书，而不是手机，孩子就会学你去找一本书。这就是影响。

父母身体力行给孩子做榜样，并不是每天要规定孩子读什么书，读书的时间必须在什么时候，这样会激起孩子的逆反心理，影响他对读书的热情。父母不妨在家里每一个角落，比如沙发、卧室甚至是卫生间，放上一本适合孩子读的书，在一种轻松的环境和氛围中，让孩子不自觉地拿起一本书就可以去读。

（2）营造良好的文化环境

家里要有安静的住所、独立的书房、舒适的桌椅、明亮的灯光，经常摆放图书杂志等文化物品，使孩子从小受到熏陶。还要有良好的家庭学习氛围，父母要以身作则，要经常向孩子讲学习的故事，启迪孩子好好读书的好处，要经常与孩子一起探讨问题，了解孩子的真实想法，与孩子一起研讨读书心得，探讨学习上遇到的困难和问题。

相信在你的家中，如果有这样一个读书的空间、读书的氛围，孩子一定有读书的欲望和习惯。良好的阅读习惯，可以拓宽孩子的知识面，可以陶冶孩子的情操，可以提高孩子的表达能力。通过阅读可以让我们的孩子进入一个神奇美妙的世界。

（3）培养孩子读书的习惯

父母要树立正确的导向，凡是孩子学习上需要的书籍都要无条件地购买，并且要经常带孩子到图书馆去借书，到阅览室去看书。

（4）鼓励孩子读自己喜欢的书

比如，小孩子都喜欢看漫画书，但许多父母认为这与学习课堂知识无关，就拒绝了孩子的要求。其实父母要不断地扩大孩子的知识面，只要孩子喜欢的书，就尽力给予支持。

（5）激发孩子的联想行为

孩子在写作文时，常常用到很多成语，这是因为孩子在阅读上下了很大的功夫，通过阅读牢记了很多的成语，所以在写作文时，就直接运用到了内容中。这就属于激发出了孩子的思维，如果孩子脑袋空空，自然不会有这个行为。

通过阅读，也可以激发出孩子的联想行为，这是很重要的一种思维方式。

（6）孩子气质的培养

读书能够让孩子培养自身的气质，这种气质是很难模仿出来的，只有经过读书不断熏陶，才会逐渐显现出来。读书的重要性很多，关键在于父母以什么样的方式，去让孩子读书。

古人常说的文人气息，其实就是读书人特有的气质，这种气质并不是能用金钱或者其他物质来衡量的。让孩子多读书，伴随着书墨的渲染，孩子的气质自然而然地就形成了。所谓读万卷书，行万里路，见多识广的人总是具有一种别样的气质出来的。就像老师的和蔼、军人的威严一样，是自内而外地散发。而多读书，书本中的内容以及所蕴含的思想，对孩子的潜在影响就会慢慢体现出来，这就是书本的魅力。常读书、好读书，孩子也会具有这种别样的气质，这是质的提升。

从小让孩子读书，确实可以改变孩子的气质。孩子一出生的时候就是一张白纸，都是需要去教育去熏陶的。你会发现从小接受好的教育的孩子，气质是非常好的。因为有知识的熏陶就会懂得很多的大道理，也会自我判断。如果一个孩子从小生活在没有任何家庭教育的环境下，你会发现这样的孩子性格是非常暴躁的，而且也不懂得尊重人。

成功人士要勤于思考，勤于学习。在思考的前提下做出正确的分析判断，从而为以后的实际行动提供引导和支撑。

 臧老师语录

　　腹有诗书气自华，不仅是一种境界，还自带一种天然、自然的气质。书读得多了，你身上自然而然会有一种气质，这种气质是带着书香味的。

 **练阅历，
会讲话、会办事、会做人**

人们常说，读万卷书不如行万里路，行万里路不如阅人无数，而读万卷书、行万里路、阅人无数，都是一个人的阅历。

父母要有意识地拓宽孩子的视野，增长孩子的见识，丰富孩子的人生阅历，为以后读书学习、掌握和提高理性认识打下坚实的基础。这样，孩子才不会出现不敢大胆尝试新鲜事物、学习上踌躇不前等现象。

如果孩子缺乏见识，容易对孩子的成长造成哪些影响？如表6-2所示。

表6-2　孩子缺乏见识的负面影响

负面特征	表现	长期影响
以自我为中心，性格自私狭隘	孩子年龄在不断增长，可是相应的知识和阅历却没有增长，接触范围狭窄，对外界事物难于接受，内心没有随着年龄成熟	长期来看，在这种缺乏知识更新的环境中成长造成孩子自私、孤僻的性格，在为人处事中以自我为中心，心胸狭隘，目光短浅
胆小懦弱，很难建立自信心	孩子不具备应有的见识，在与别人交流中就很难占据主导位置，甚至别人说的话他无法理解，没法正常交流	长期下去养成孩子胆小懦弱的心理，缺乏自信心，意志力薄弱，没有责任心，说话做事都是一副低眉顺眼、唯命是从的样子
束缚孩子的思维，长大难有作为	没有足够的见识也会让孩子失去更多的学习机会，严重束缚孩子的思维，使孩子坐井观天，止步不前	长此以往，孩子没有活跃的思维，就很难有创造能力，在学习和今后的人生中很难有所作为，人生将暗淡无彩

可见缺乏见识对孩子成长有很大的负面影响，不仅影响孩子健康人格的养成，还影响今后的工作能力。因此，父母当然要尽己所能地为孩子提供长见识的机会。

如何丰富孩子的阅历呢？如图6-15所示。

图6-15　丰富孩子阅历的途径

（1）读万卷书

"当书本给我讲到闻所未闻、见所未见的人物、感情、思想和态度时，似乎是每本书都在我面前打开了一扇窗户，让我看到一个不可思议的新世界。"这句话恐怕是对读书的好处的最佳描述。阅读是一件低成本但最值得父母去投资的事情。打开一本书，就是和一个伟大的灵魂在对话。让孩子多读书，是增长见识最简单的途径。要让孩子养成"悦读"的习惯，正所谓"身体和灵魂，必须有一个在路上"。

上一节我也讲过阅读的好处，不仅可以练气质，还能练阅历。坚持阅读形成习惯，细节决定成败。比如，精心布置房间，让书籍触手可及；固定每天读书的时间；选择不同地点读书；经常和孩子一起逛书店；做摘抄，写读书笔记；多和孩子一起分享读书心得；在孩子遇到阅读困难时及时引导，化解。

读书是一种心灵的"旅行"，可以给人智慧、使人勇敢、让人温暖、叫人幸福。让阅读成为孩子一生的习惯，让好书成为孩子一生的伙伴。

（2）行万里路

读书是学习，"行路"也是一种学习。每个人的一生中，都要读两种书：一是"有字的书"，即书本；二是"无字的书"，即从小让孩子见识外面的世界，开阔孩子的视野。孩子见识越广，看到的世界越大，格局自然也会越大。

在外面所见所闻，不仅能润养孩子的心灵，还能带来很好的拓宽视野的实践体验。在节假日多带孩子出去走走，见识一下当今多元的世界，孩子会发现，原来世界这么多彩、这么宏大。

就近你可以带孩子去当地的博物馆、科技馆看一看，大到宇宙苍穹，小到细胞基因，去探索生命的起源，感受科技的发展，见识伟大的发明。你也可以带孩子到动植物园、郊野公园走一走，去观察，去发现，去享受大自然赐予的阳光和空气，充分领略山水草木的无穷魅力，那是一种无止境的人生实践，会让孩子开阔眼界。而一个人的眼界和见识，往往会影响到他的心胸。

走得远的，可以去旅游。每年没事儿就出去溜达，国内也好，国外也好，趁着年轻用心感受、用脚丈量不同的世界，让视野以及心胸开阔起来。

（3）阅人无数

第一，让孩子多社交。社交能丰富人生阅历。孩子越停留在自己的小圈子里，就越孤陋寡闻，久而久之，就没有自信和优秀的人交往。

第二，让孩子观世间百态。社会是一个广阔的大舞台，父母要让孩子成为一个能够融入社会、适应社会生活并且拥有见识，能够创造未来的人。

参加一项公益活动，访问一个优秀的成功人士，到一个企业去参观考察，参加一个城市热点论坛，开展一项社会调查，等等。这些社会生活都具有深刻的教育意义，都为孩子的成长提供了丰富的营养。

通过实地观察、体验现实生活，让孩子不断地认识事物和总结经验。你可以经常带孩子到农村、山区、河边、街道、商店、集贸市场看看。这些体验不仅可以使孩子开阔眼界、增长见识、丰富知识、充实头脑，还让孩子"知其然，知其所以然"，激发孩子的多种兴趣和求知的欲望。

与孩子一起开展游泳、打球、唱歌、野营、爬山、看电影、欣赏音乐、制作小工艺品等活动。这些活动既可丰富阅历、增长见识、愉悦身心，又可与孩子增进关系，使家庭生活更加融洽。

"读万卷书，行万里路，阅人无数"，这是开阔孩子见识，丰富人生阅历的必经之路。让孩子不只看到眼前，还可以看到海洋，看到天空，看到山川，从而拥有更宽广的见识。

臧老师语录

多读书，多积累，多实践，多交朋友，都会丰富孩子的人生阅历。丰富的人生阅历将帮助孩子在不同的职业中体验到不同的人生。

9 练演讲，
成功者大都是演讲天才

　　毫不夸张地说，拥有公众演讲能力，在最短的时间影响到最多的人，已成为快速获得成功的必备技能。美国前总统尼克松曾说，如果重进大学，就要先学好演讲和说服这两门课。这个时代，演讲已然成为衡量一个人综合素质的重要标准。好的演讲能力，能改变孩子的一生。

　　在这个时代，拥有演讲能力到底有多重要？罗辑思维创始人罗振宇提出了一个说法——复制时间。他说："在互联网时代人人都能发声。你的价值不只是单独在职场默默努力，而是要通过写作、演讲和跨界的方式，将其高效而快速地无限次复制。"

　　直白点说，演讲是复制时间的绝佳方式，对此我表示认同。

　　这也验证了世界上那些大名鼎鼎的成功者，都是一流的演讲高手。他们通过演讲，面向公众、媒体，去销售自己的梦想、自己的情怀、自己的理念、自己的产品。

在西方有些国家，从学前班开始，孩子就要系统地训练演讲能力。比如，美国的教育理念里，阅读、写作、演讲是一脉相承的。他们把讨论交流、分享信息、提出建议和表达看法，当成是学生学习知识的主要方法，也是培养学生口头表达能力的主要途径。

我认为，提高演讲能力，培养思维是根本。

我们来看一个案例。

从小到大，小毅父母就特别注重培养他的演讲能力。

小学四年级开学，新来的班主任让同学们通过演讲公开竞选班长。小毅一直品学兼优，当然不会错过这个好机会。他把竞选稿改了好几遍，在家练习了好几天。小毅爸爸还为他打印了两份演讲稿，一份给他，一份给老师。

演讲时，小毅侃侃而谈，许诺大家，如果他当选，会给班里做哪些事，比如建立图书角和兴趣组。而跟他一起竞选的另一个女孩儿，临上台还在涂涂改改，一着急橡皮把纸都擦破了，上台后前言不搭后语。

果然，机会是留给有准备的人的，小毅如愿竞选上了班长。这也极大地增强了他的自信心。

台上三分钟，台下十年功。演讲需要刻意反复地练习，父母要注重从小陪伴孩子一起阅读、编故事、讨论，带着孩子磨耳朵、朗诵、辩论等。把这些变成家常便饭，孩子自然就会形成自己的一套演讲体系。

如今家长不仅重视孩子文化课的学习，还越来越看重孩子特长的培养与情商的发展。其中，演讲能力就是极为重要的一部分。正确的演讲训练不但能提高孩子的说话水平，还能培养其口脑协调能力，对提高孩子的综合素质极为有益。

如何培养孩子的演讲能力呢？以下是训练演讲能力的几大技巧，如图6-16所示。

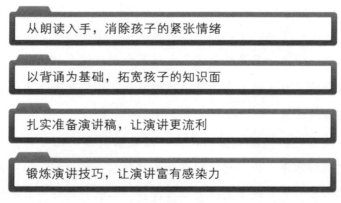

图6-16　如何培养孩子的演讲能力

（1）从朗读入手，消除孩子的紧张情绪

大部分孩子惧怕演讲，这与心理因素有关。针对这类孩子，在他做演讲前，先要进行心理疏导，克服他演讲时的恐惧

心理。

可以让孩子多朗读经典佳作，在熟读的基础上，鼓励孩子站上讲台有感情地朗读课文。这种训练方式，可以帮助孩子逐步克服对演讲的恐惧。

（2）以背诵为基础，拓宽孩子的知识面

除了心理因素外，孩子不善言辞是因为知识储备较少。表达不仅需要"言之有情"，更需要"言之有物""言之有理"。

可以在熟读和朗诵的基础上，让孩子背诵名篇佳句。"腹有诗书气自华"，大量的背诵不仅能帮助孩子积累文学知识，还能帮助孩子养成良好的记忆习惯。

（3）扎实准备演讲稿，让演讲更流利

演讲是一种有充分准备的传递信息的实践活动，只有做好充分准备，在演讲中才能不胆怯，有信心。

在准备演讲稿时，可以让孩子把需要演讲的材料当作谈话内容随意交流，并让他们说出自己的看法和观点，从而收集有用的想法，然后根据反馈结果，再让孩子进行演讲稿的撰写与修改。

通过这种扎扎实实的准备，让孩子将演讲内容与自己的想法融合在一起，即使在演讲中忘记了部分内容，他们也能灵活

应变。

精彩的演讲稿一般都具有一些共性，这些共性让这场演讲区别于其他的所有演讲，而被观众记住，如图6-17所示。

第一，真人真事，真情实感

◎演讲中故事的主人公，一般都是演讲者自己、周边的朋友或者广为人知的故事，这样讲出来的故事更加有血有肉，更能让观众产生共鸣

第二，独特的见解

◎演讲是演讲者针对某个具体问题，鲜明、完整地发表自己的见解和主张的活动。演讲者要能够在有限的时间内，清晰地表达自己的观点，不拖泥带水，不堆砌辞藻

第三，清晰的逻辑

◎有清晰的演讲主线和论证观点，用推理一步步征服观众

图6-17　精彩演讲稿的共性

（4）锻炼演讲技巧，让演讲富有感染力

好口才是练出来的，演讲也不例外。成功的演讲，只有7%的内容是语言传递的。38%是靠语调、语速等声音附加的特质传递，55%是靠肢体语言的视觉传递，比如动作、眼神交流等。所以，在教孩子演讲的时候，要注重对其演讲技巧的培训。

可以让孩子多看一些名人的演讲视频，或者多看一些电视谈话节目和电视论辩赛。这样就能增强他对演讲的感性认识，提高对演讲态势语言技巧运用的理解，并从中感悟出演讲的要

义和精义。

　　孩子在练习演讲时，要多听自己的讲话练习或录音。初学演讲者在正式上台讲话之前，应该反复地练习讲，可以对亲朋好友讲，可以找个偏僻无人的地方讲，也可以对着镜子或录音机讲。每讲一遍，自己都要留心听，仔细地找出语言上的毛病，或请内行人指出弱点和不足，并认真加以改正。如果孩子每次演讲、发言之前都能坚持试讲、试听几遍，长此以往，其口语表达能力就会不断提高。

　　我们来看一个案例。

　　小逸小时候养过一段时间小乌龟，为了将小乌龟养好，妈妈鼓励他自己去查询资料，然后再讲述给她听，比如乌龟吃什么，能活多久……这个过程其实就是小逸做研究的过程。

　　这样做的主要目的，是让孩子思考自己感兴趣的东西，可以信马由缰地思考，然后讲述出来。

　　父母也可以给孩子一些知识性的命题，比如水、太阳、化石、秋天等。孩子需要自己查阅资料，思考问题，归纳观点，制作辅助演讲的展板、模型，然后再讲述。这样做的好处是让孩子主动思考，而不是被动地接受答案。

臧老师语录

　　"一言之辩重于九鼎之宝，三寸之舌强于百万之师"。公开演讲能力和现场行销能力，是孩子未来立足社会的必备技能。

第七章
梦想教育，和孩子
一起向未来

孩子不仅需要朴素的生活，更要有远大的梦想。梦想是什么？梦想是茫茫大海上引航的灯塔，是漫漫长夜里的启明星。实行梦想教育，旨在启发孩子对未来的憧憬和展望，让孩子在学习中为了心中清晰的目标迸发出最大的力量。以梦为马，不负韶华，和孩子一起向未来。

1 梦想的力量

梦想可以唤醒孩子内在的力量。请不要嘲笑孩子的梦想，不管这个梦想有多么高不可攀，或者微不足道，不管你的孩子将来的梦想是当科学家还是想当环卫工人，都不要嘲笑他。你需要做的是，去认可他，支持他，鼓励他，因为梦想是推动人前进的动力。

有一部微电影叫《田埂上的梦》，讲的是一个偏远小山村的孩子，梦想成为像迈克尔·杰克逊一样的舞者。他疯狂地模仿杰克逊，痴迷地跳舞，在家里跳，在田埂上跳，走路的时候、劳动的时候都随时随地地跳。乡亲们都感觉他怪异而疯狂，瞧不起他，嘲笑他为"跳舞的猴子"。

可是他的父亲，一个山村的农民，从来没有批评过他。父亲默默地看着儿子，眼神里尽是温柔和认可。当孩子匆匆吃完饭就开始在饭桌旁跳起来时，他默默地看着；当孩子在田野里劳动时忽然在大家惊诧的目光中跳起来时，他也默默地看着；当孩子随时随地琢磨着舞姿和舞步时，他仍然默默地看着。

当这个孩子在外面因喜欢跳舞被人取笑和殴打，满脸伤痕地回到家里时，也许孩子的心里无比沮丧甚至萌生了放弃梦想的念头。父亲默默地来到孩子身边，送给他一顶迈克尔·杰克逊的帽子，孩子的眼睛里立刻焕发出光芒。

孩子在父亲的认可和支持之下，越来越勤奋地练习跳舞，也越来越相信自己。最终，这位来自小山村的少年走上了央视的大舞台，并在舞台上焕发出炫目的光彩。他成功了！

这就是父母认可和支持的力量。每一个孩子的内心都有一台发动机，只要有梦想，有父母的认可和支持，这台发动机就会焕发出源源不断的动力。

梦想属于那些敢想敢做的人，因为生命不止、梦想不息。岁月冗长，梦想的意义不单单在于拥有，更在于为实现梦想而付出的努力，一步一个脚印，梦想终会成真。好的教育方式，是让孩子感受到梦想的力量。

对于孩子，成长意味着什么？如何让孩子感受到梦想的力量？

（1）成长意味着捍卫你的梦想

理想是什么？它是指路明灯。没有理想，就没有坚定的方向；没有方向，就没有生命。孩子的成长不仅是身体的长高，还意味着独立思考能力的提高。在此基础上，孩子应该有自己的梦想并学会捍卫自己的梦想。

（2）让孩子有梦想的勇气

如果一个人想实现梦想，最重要的有两个条件——勇气和行动。一个孩子拥有梦想，就相当于拥有一个向前迈进的目标，让孩子有"梦"，是父母义不容辞的责任。在生活中，父母要以身作则，为孩子树立好的榜样，让孩子心中有一个准绳，有一个正确的三观，让孩子有一个"梦想"的生活。

（3）拥抱梦想，鼓励孩子追求梦想

儿童的梦想，是纯粹的梦想，是最好的梦想。作为父母，可以在日常生活中多和孩子谈谈梦想，让孩子有一个梦想的概念。

"女儿，你长大想干什么？"

"妈妈，我想当医生！"

"你想去哪所大学学医呢？"

"妈妈，我不知道。我应该考哪所大学呢？"

"你可以去考中山大学的医学院。但考医学院的分数都比较高，你可要吃点学习上的苦哦！"

"妈妈，放心，我会好好计划的，我的梦想就是学医，决不放弃！"

"我的小女儿是个很棒的女孩，别担心，妈妈会和你一起努力的。"

当父母和孩子谈论梦想时，和孩子一起分析并确认他的梦想，这会给他肯定。也就是说，给他去实现梦想的信心和勇气。

臧老师语录

心怀梦想是孩子的事情，而父母要做孩子成长路上的圆梦人，去帮助孩子搭建通往梦想的阶梯。

2 走向通往梦想的路

　　有了梦想，让孩子充满自信；有了自信，让孩子通过努力成就梦想。当孩子有梦想时，父母应该认真地去对待，去引导孩子思考实现自己的梦想应该做什么。对于实现梦想的计划，孩子都认真行动了吗？

　　就算计划有所欠缺、不尽人意，但那是孩子的角度，不像父母想得广。父母应该鼓励与引导孩子慢慢去完善计划，主动寻找方法、主动连接资源、主动调整自己。生涯教育，就是要激发孩子"拥有梦想、学习、成长的主动性"。

　　孩子对自己的未来有期待，能够构筑未来理想的自己，从而积极去探索，去拓展自己梦想的边界，强化实现梦想的信心。

　　通过规划、管理、提升，让孩子在梦想的路上越走越有信心，在不断的实践中解决遇到的问题，为未来实现梦想积累经验，拓展梦想的宽度，不局限于目前，而是在不断的变化中去调整。

（1）做孩子梦想的规划师

作为父母，应该让孩子梦想的小火种燃烧起来，去实现自己生命的价值。

我们来看一个案例。

得知女儿被知名大学录取了，父母由衷地为她高兴，她的梦想终于成真了！回想小玉的成长经历，努力自不用说，更重要的是她不断地总结、反省、规划、调整、执行……逐渐形成了主动思考、自主规划的思维方式和行为习惯，并且不断进步。

小学阶段的小玉基本属于自由生长阶段，由于父母工作非常忙，陪伴她的是家里随处可见的书籍和家旁边图书馆里浩瀚的书海。她的考试成绩在班级处于中上水平。

到了初中，小玉开启了自主学习之路。在她初一时，父母惊奇地发现孩子爱学习了。她自己买回了各科的参考书，什么语文教材全解析、物理全真解析等。有了参考书，作业做得轻松又漂亮，可是一到小考/月考，成绩就纷纷亮起了红灯。孩子很努力，成绩却惨不忍睹，眼看还有一个多月就该按考试成绩分班教学了，小玉十分紧张而向妈妈求助。

妈妈仔细研究了她的所有课本、笔记、作业和考卷之后，发现了问题所在："参考书依赖症"。有了"葵花宝典"，上课不用听、笔记不用记，作业照样可以轻松完成得很漂亮，自己完全不必动脑筋。于是，他们暂时摈弃参考书，开启了每天下午放学后一同学习的模式，完成作业的同时商讨各科不同的学习方法。从如何预习、如何理解老师的思维，到如何记笔记、哪些内容要记下来，乃至于什么笔记记在书上、什么笔记记在本子上等，都是母女俩讨论的内容。就这样，小玉逐渐形成了不依赖参考书自主完成作业的习惯和每天睡前花几分钟回顾总结的模式。

为了培养小玉高效的行为习惯，父母将每天孩子放学回家后该做哪些事情以及前后顺序列出计划，让她按顺序完成每一个步骤。

一个多月后，小玉的成绩大幅度提高，期末考试全班第一名。每次期末考试卷子发下来之后，妈妈都会带着考卷去一间茶室，和小玉共同分析总结本学期各学科学习的经验和教训。小玉逐渐形成了一套属于自己的"学习法"：预习—听课—笔记—作业—复习—考试—总结。

回顾整个初中阶段，她不仅学习更加轻松，人也更加自信了。

到了高中，小玉开启了学习思维的革命。比如地理学习，小玉不再像初中那样死记硬背，而是试图学会如何借助图片、图例、标注、表格等清晰简洁、重点突出地表达所要传递的信息。不仅如此，小玉还开启了重讨论、重思维的学习方法，而不讲做题套路和应试技巧，具体做法如下。

其一，多向老师请教交流，从中对比、分析、反省，调整学习方法和思维模式。在自我总结归纳笔记时，要抓住学科特点，不拘泥于形式（无论是图、表或是文字等），吃透每一单元所要传递的核心内容，并且可以适当查阅课外资料以补充相关知识。在学习一个阶段后，需要挖掘各个单元之间的内在联系，最后建立起这个学科知识上的框架结构。

其二，有针对性地对作业和考卷进行剖析。为什么会错？是词汇不记得，知识点不理解，还是思维逻辑不够清晰？剖析之后要拿出整改措施，把这些弱点逐个击破。

经过努力，小玉收获了几个单科全年级第一名和总分第二名的好成绩，并且让"学习法"逐步润滑、磨合、调整、成型。

理想目标、行为习惯、学习方法、融通交流，这些对于小玉的成长进步十分重要，希望她在未来的人生中也能够持之以恒坚定地走下去。

（2）通往梦想的路没有捷径

成龙在一档电视节目中，分享了他通往梦想的路。

从最早的演死尸开始，成龙都非常认真地找好镜头，一点点把自己手头上的工作做好，并没有看不起这样的角色，而是把当下自己能够做到的事情做好。这对于孩子的启示，便是着手于自己手头上的事情，把自己手头上能够做好的事情做好，不要好高骛远。

成龙为了自己的演艺事业，在64岁的年纪里，依然坚持做高危的动作，不用替身。多年的演艺生涯里，他无数次地受伤，从头到脚甚至是手指头都受过伤，这样的精神真的是很感人的。成龙圆梦的背后，其实有着无数次的努力和持之以恒的付出。我们不管是学习，还是做其他事情，都有着苦难和磨练，这检验的是我们的态度和精神。

 臧老师语录

作为家长，需要先了解孩子的梦想，引导孩子确立自己的目标，并且帮助孩子一起去制定向目标前进的步骤，让他一步一步靠近梦想。

3 不剥夺孩子追梦的权利

动画电影《寻梦环游记》中讲述了这样一个故事，墨西哥修鞋家族中的小男孩米格从小就拥有一个音乐梦想，但遭到家人的极力反对。因为米格的曾曾祖父曾经因为音乐"抛弃"家人，从此曾曾奶奶就认为他们是被诅咒的家族，立下禁止触碰音乐的祖训。

电影以夸张的方式讲述一家人对米格追求音乐的百般阻挠，他们严禁米格碰音乐，让米格学祖传的做鞋手艺，并声称是为了他好。而在家人摔坏了自己心爱的吉他之后，米格却阴差阳错地进入了一个神秘世界，来了一场特殊的冒险旅行。幸运的是，米格最终的音乐之路得到了家人的支持。

每个孩子都是世界上独一无二的个体，都有自己的梦想和选择的权利。如果让孩子接触他不感兴趣的技艺，学习不感兴趣的知识，就像奶奶让米格学做鞋一样，其实没有本质区别。

（1）别把你的梦想强加给孩子

人生初期是快速接收信息、认识世界万物的阶段，所以孩子总会比大人具有更强的好奇心和探索欲，而此时所有的体验、感知、认知，又是他们未来人生成长的基石。磨灭孩子的天性，打破孩子成长的规律，无异于是将他们化独特为平庸，剥夺了他们选择自己梦想的权利。

有这样一个真实的故事。

当女儿出生以后，老温想让女儿替自己圆北京某大学的梦的火苗在心头熊熊燃烧。他决心从小好好培养女儿，并为她制订了周密的学习计划。2岁时，女儿开始画画，认字；3岁时，女儿已经能够读书看报，识字上千；6岁时，女儿读完小学全部课程，被他直接送去读小学三年级。

老温的苛刻，让女儿很不满，可她又无可奈何。初三毕业，老温一定要把女儿送到几百千米以外的一所中学。女儿满眼泪水不同意，可他为了"圆梦"，还是狠心将女儿送去读书。2001年女儿考入了老温日思夜想的那所国内一流大学。这时，他又替女儿做了决定：填报数学系。

其实他女儿更喜欢文科。女儿拿到入学通知书的时候，非但没有高兴，反而开始痛恨起这个大学来。渐渐地，女儿发现她根本无法适应大学学习生活，最后只能退学回家。

　　这是多么自私的父亲，为了自己的梦想，亲手毁了孩子的人生。

　　父母按照自己的标准来设计孩子的未来，希望把孩子培养成为未来"一流的""最棒的"人。但是，父母不可能预测孩子未来10年、20年的生活。因此，按照自己的想法为孩子设计未来是不现实、不正确的。

　　正确的做法，应该是"我的梦想我做主"，还给孩子自己追梦的权利。

　　孩子不是父母的附属品，而是他自己。

　　如果孩子能按照父母规划的人生路线走，并且欣然接受，就尽情感恩孩子对父母的理解；如果孩子不能完全按照父母规划的人生路线走，就请记得接受孩子的选择。因为孩子有自我选择人生的权利，放手让孩子去做自主选择，你记得适时把自己的人生经验分享给他就可以了。

（2）激发孩子的内驱力去实现梦想

　　生活中多给孩子一些做自己的机会。因为任何的成长，都需要自身内驱力。孩子之所以永远充满活力和有好奇心，是因为他们对未知的领域保持有强烈的探索欲。那些坚持梦想的人，也一定是内心的兴趣使然。

　　我们来看一个案例。

　　孩子慢慢长大以后，他看了很多书，说长大想当科学家。父母从来没有去笑话他，而是尊重他和鼓励他。他上了一个很好的初中，但是成绩不理想，进去的时候，摸底考试成绩是全班倒数第三。父母也知道，他没有像别的同学那么努力学习书本知识，他花了大量时间去干他喜欢干的事情。他不太喜欢学英语，不愿意背单词，这是他的短板，所以父母也很着急。

　　父母一直在思考一个问题，是让他去补习机构补课，还是让他去国外游学？如果他去补课，可能他的成绩马上会有提高；如果他去游学，知识面和见识都会拓宽，甚至还会触动孩子更深层次的思想。最终父母决定，在孩子上初二的时候，就把他送到国外去。二十几天以后回来，他有了非常大的变化。他告诉父母，他参观了哈佛大学和耶鲁大学，"妈妈我想考哈佛大学"。

　　当时父母是很惊喜的，因为这样做是让他成为一个有梦想的孩子，有远大理想的孩子。想考哈佛大学，就必须进一所比较好的高中。妈妈又跟他谈，目前的成绩在班上和学校排名都比较靠后，问他这种成绩应该怎样努力才能考上一所重点中学。他们一家人讨论一番之后，孩子把某重点中学当成了他高中的目标学校。

　　天道酬勤，他通过三年的努力，从全班倒数第三名，进入了全班的前十名。最终，他考上了理想的高中。

去培养一个有梦想的孩子吧！一个有梦想的孩子，他会不断地去追求进步，发掘自己的潜能，最大化实现自己的社会价值，而不只是为了一个好的学校、为了一份工作而去努力。

臧老师语录

父母要切记，千万别把自己的梦想强加在孩子身上。因为每个人对于生活的追求不同，而孩子的梦想更应该值得被认可。

4 生命教育与引领未来

送给孩子最好的礼物是什么？是最新款的玩具，是一套新衣服，还是去旅游？我认为，送给孩子最好的礼物，是不断学习，不断成长，能引领孩子生命，能给孩子选择权的高素质的父母。孩子在成长的过程中，父母的引领非常重要。孩子的生命成长主要分为以下四个阶段，如图7-1所示。

图7-1　孩子生命成长的阶段

（1）敏感期

第一，语言敏感期（0～6岁）。婴儿开始注视大人说话的嘴形，并发出牙牙学语声时，就开始了他的语言敏感期。学习语言对成人来说是件困难的工程，但幼儿能容易地学会母语，正因为幼儿具有自然所赋予的语言敏感力。

因此，若孩子在2岁左右还迟迟不开口说话，应带孩子至医院检查是否有先天障碍。语言能力影响孩子的表达能力，父母应经常和孩子说话、讲故事，或多用"反问"的方式，加强孩子的表达能力，为日后的人际关系奠定良好基础。

第二，秩序敏感期(2～4岁)。孩子需要一个有秩序的环境来帮助他认识事物、熟悉环境。一旦他所熟悉的环境消失，就会令他无所适从。幼儿的秩序敏感力常常表现在对顺序性、生活习惯、所有物的要求上，如果成人未能提供一个有序的环境，孩子便"没有一个基础以建立起对各种关系的知觉"。当孩子从环境里逐步建立起内在秩序时，智能也因而逐步建构。

第三，感官敏感期(0～6岁)。孩子从出生起，就会借着听觉、视觉、味觉、触觉等感官来熟悉环境、了解事物。3岁前，孩子透过潜意识的"吸收性心智"吸收周遭事物；3～6岁则更能具体地透过感官分析、判断环境里的事物。

第四，对细微事物感兴趣的敏感期(1.5～4岁)。忙碌的大人常会忽略周遭环境中的微小事物，但是孩子常能捕捉到个中的奥秘。因此，如果你的孩子对泥土里的小昆虫或你衣服上的细小图案产生兴趣，正是你培养孩子缜密思维的好时机。

第五，动作敏感期(0～6岁)。2岁的孩子已经会走路，最是活泼好动的时期。父母应让孩子充分运动，使其肢体动作正确、熟练，并帮助他的左右脑均衡发展。除了大肌肉的训练外，意大利幼儿教育学家玛丽亚·蒙特梭利强调小肌肉的练习，即手眼协调的细微动作教育。这样不仅能养成孩子良好的动作习惯，也能帮助他的智力发展。

第六，社会规范敏感期(2.5～6岁)。2岁半的孩子逐渐脱离以自我为中心，而对结交朋友、群体活动有明显倾向。这时，父母应与孩子建立明确的生活规范、日常礼节，使其日后能遵守社会规范，拥有自律的生活。

第七，书写敏感期(3.5～4.5岁)。孩子的书写先于阅读，借助铅笔和纸，孩子开始对字母和数字进行临摹。

第八，阅读敏感期(4.5～5.5岁)。孩子的书写与阅读能力虽然较迟，但如果孩子在语言、感官、肢体动作等敏感期内，得到了充足的学习，其书写、阅读能力便会自然产生。此时，父母可多买一些读物，布置一个有书香气息的居家环境，能使孩子养成爱读书的好习惯，成为一个学识渊博的人。

第九，文化敏感期(6～9岁)。幼儿对文化学习的兴趣，萌芽于3岁；但到了6～9岁则出现想探究事物的强烈需求。因此，这时期"孩子的心智就像一块肥沃的田地，准备接受大量的文化播种"。父母可在此时提供丰富的文化信息，以本土文化为基础，延展至关怀世界的大胸怀。

（2）危险期

孩子在成长的过程中，会遇到很多危险，这些危险来自两个方面：一个是身体上的危险；另一个是精神上的危险。

身体上的危险主要来自意外与生病。对父母来说，一方面要加强对孩子的安全教育；另一方面要培养孩子健康饮食的理念。孩子生病的时候是最脆弱的，此时父母要给予孩子更多的关注、更多的爱。

精神上的危险也就是孩子遇到的困难、挫折。每个孩子在成长的过程中都会遇到无数的困难和挫折，比如：被老师批评了，被同学冤枉了，考试考砸了，失恋了，等等。生命中的每一次困难和挫折都是危险期，因为一旦孩子没有处理好，一时想不开，做出过激的行为，父母可能会后悔一辈子，所以父母要培养孩子面对困难和挫折的能力。

首先，要教会孩子求助的能力。心理学上叫作拥有"社会支持系统"，就是当孩子遇到困难挫折的时候，能够向他人倾诉，能够向他人求助。当然，如果有良好的亲子关系，父母将会是第一被求助的人。

可是现在很多家长因为自己没有成长，没有更好的教育方式，经常用语言暴力，甚至用肢体暴力的方式对待孩子，亲子关系比较糟糕。一旦遇到危险，孩子不敢向父母求助，因为怕父母会用暴力的方式对待。这时候如果孩子也没有其他可以求助的对象，就比较危险了。

当然，除了父母，社会支持系统还有孩子的老师、同学、朋友、亲戚，以及心理热线等。父母要做的是教会孩子遇到困难要学会求助。

有一次，浩浩把乒乓球拍弄丢了，这对乒乓球拍比较贵，要500多元，所以他很难过，也很担心爸爸会批评他。但是懂事的浩浩，还是把这件事告诉了爸爸。

爸爸告诉他："浩浩，爸爸很欣慰你能坦诚地把这件事情告诉我。没有关系，可能有些事情对你来说是很严重的，但对爸爸来说也许是一件很小的事情，所以下次遇到你自己不能解决的困难的时候，尽管来找爸爸，爸爸一定会支持你的。当然，每件事情中你要有所学习，就像今天这件事情，你要学会如何保管和珍惜好自己的物品。"

其次，要让孩子学会处理情绪。教孩子在有情绪的时候学会深呼吸，教孩子辨认情绪，教孩子学会去寻找情绪背后的想法和需求，教孩子学会正面转化。

比如，当孩子的考试成绩不理想时，可以这样对孩子说："从你的卷面来看，你很认真地对待这次考试，但这一次考试的确有点难，下次努力就可以了。"这种积极、正确的心理暗示，可以让孩子体验到积极的情绪，让孩子形成既切合实际情况，又不失积极性的自我观念。

促使孩子发展的不是批评，而是肯定、鼓励、赏识。如果孩子从小就被批评包围，他就会产生逆反心理，有了逆反心理，错误不但不会改正，反而会强化，他的长处就可能会被埋没。因此，父母要学会原谅孩子鲁莽、粗心、善忘等小过失，宽容地对待孩子。父母对孩子的责备应该只针对其行为，而不触及他的人格和自尊。

一个人在面临困难的时候，逃避不是办法，鼓起勇气积极地调整心态加以克服才是最重要的。父母的行为会直接影响孩子，只要父母永远积极乐观、从不抱怨，即使是在最艰难的时刻也能鼓励孩子，那么，孩子也就会生活在正面情绪中，时刻都在享受人生的乐趣，积极地寻求解决问题的方法，让希望之火重新点燃。

培养孩子良好的心态，就是培养孩子的幸福感。

第一，让孩子自由表达喜怒哀乐。人有七情六欲，有喜怒哀乐，这些情感的表达都是正常的，父母应多了解和理解孩子。当孩子欢乐大笑或悲伤哭泣时，父母千万不要指责，让孩子自由地表达自己的情感。

第二，丰富孩子的精神世界。良好的心态是精神上的愉快和进取。因此，父母要不断丰富孩子的精神世界，要让孩子广泛阅读，丰富孩子的情感世界。同时，阅读也能教会孩子许多道理，使孩子保持良好的心态，积极应对生活中的各种挫折。

第三，不要把生活中的悲观情绪带给孩子。乐观的情绪、心态是会感染人的。如果孩子总是和心态消极的人在一起，就会提不起精神。父母在事业上遇到挫折时，不要在家过多地表现出悲观情绪，怨天尤人，而要积极面对新的生活，将乐观的心态传递给孩子。

（3）转折期

在漫长的生命旅程中，我们会遇到很多十字路口；每一次的十字路口，都是我们做出选择的时候；每一次不同的选择，都决定了未来不同的人生。孩子也是一样，生命中也会有无数次的选择。比如说，读什么样的学校？学什么样的专业？找什么样的女朋友？找什么样的工作？孩子每一次做出重要选择的时候，就是孩子的转折期。

转折期非常重要，因为每一次的转折，可能会影响未来不一样的人生。作为父母，要在孩子每一次做出重要选择的时候，能够引领孩子。引领孩子并不是控制孩子。很多时候，我们都帮孩子做决定，那不是引领，那是掌控。当孩子的生命被掌控的时候，孩子的人生就会缺少力量、缺少责任、缺少幸福！

引领就是父母用自己丰富的经验给孩子分享自己的生命体悟，分享自己对生命的看法，提供自己的想法。最终的选择由孩子自己做决定。当孩子自己做决定后，他的生命是有力量的，他会为他自己的生命负责任。

（4）青春期

青春期是人生非常重要的阶段。青春期的孩子随着身体的发育，大量激素的产生，情绪处于非常不稳定的状态。男孩经常会生气和烦恼，女孩会经常伴随着怒气和抑郁。

青春期的孩子有很多困惑，比如，他们开始去探索"我是谁"这个深奥的问题，他们会去重新认识自己。当然，重新认识自己是一个艰难的过程，包括对自己的外表、能力的评估和认识。

青春期的孩子也会从父母的眼中去认识自己。青春期的孩子特别敏感，他们特别在意父母对他的评价，对父母的话咬文嚼字。当孩子纠正你的用词的时候，你不用恼火，其实是孩子在意你，在意你怎么看他。青春期的孩子也会在同伴的比较中认识自己。

青春期的孩子还会去探索生命的意义。人活着到底是为了什么？人生的意义在哪里？未来自己到底想过怎样的人生？

如何去跟他们沟通，如何去处理他们的情绪，如何回答他们古怪的问题，如何跟他们做朋友，这是做父母的需要不断去学习的。

作为父母，自己一定要不断成长，特别是在孩子不断长大的过程当中。到了青春期，他们对世界的探索、对生命的理解、对爱情的理解、对工作的理解等，都会有很多的需求。关键的时候，你能不能去引领他？

藏老师语录

　　在孩子成长过程中，父母送给孩子最好的礼物，就是引领孩子以自己的步调度过每个成长阶段。

5 和孩子一起向未来，成就非凡的人生

养育孩子是一个漫长的双向求索的过程，既为孩子，也是为自己。在孩子不断成长的过程中，父母也要成长，找回自己，过上属于自己的生活，才能让长大后的孩子感谢现在努力的你。

（1）"理想小孩"的养成

在孩子的成长过程中，父母扮演的不仅是陪伴者的角色，还是在人格形成上最重要的导师。最好的教育就是父母跟着孩子一起成长。然而，当父母停滞不前并一味地指责孩子时，一定是教育的实施者出现了问题。

作为父母，如何才能不放弃自我成长呢？

我们教育孩子总有"望子成龙、望女成凤"的想法，这就造成大多数家长对孩子的教育，只是浮于表面，而缺乏持久深

入的理解。一看到不如意的地方，就赶紧管教，小学没毕业，就开始惦记孩子几年后的中考、高考，十五年后的婚姻，以及二十年后的事业……

无时无刻的焦虑感，可能会毁掉孩子的未来。家长之所以焦虑，是因为一直在间歇性地关注孩子。什么意思呢？

就是孩子有问题，就上心，没有明显问题，就关注的少。一次考试考得好，就觉得孩子前途无量，一次不好，就万念俱灰。总是患得患失，缺乏对孩子教育的宏观掌控，对于孩子该做什么，该怎么做，自己心里也没底。于是，对孩子未来的发展，就少一份确信，不确信，就会慌张。

为什么很多父母没有这份确信和笃定呢？

问题出在父母的自我成长上面。许多父母，从走出校园，有了工作，有了孩子，达到一种表面上的"圆满"，便放弃了自我成长。如果父母拒绝成长，就容易把成长的任务强加到孩子身上；如果父母不能接纳自己，对自己不满，就格外需要一个令人满意的孩子；如果父母不能很好地处理亲子关系，心中便会有一个"理想小孩"，希望自己的孩子符合期待。

于是，父母便和孩子捆绑在一起，同悲喜、共进退。孩子被老师表扬了父母就很开心；孩子考试成绩不理想，父母心情就灰暗。如此，孩子的成长就会成为父母精神痛苦的"创可贴"。一个孩子，稚嫩的肩膀，却要担负起两个人的成长责任。这样的负重状态，注定会将孩子压弯。

（2）父母的自我成长藏着孩子的未来

与孩子相处，父母就要重新出发。选择与孩子一起成长，父母就要面对人生的问题，寻找答案，完善自我。当我们感到困惑、力不从心的时候，不妨静下心来，看看到底是什么阻碍了我们。

当我们不再逃避，勇敢面对自己，也就意味着涅槃重生。成长意味着冒险，也伴随着痛苦，心理成长的过程，就像破茧成蝶，这也是我们回避成长的主要原因。

这个过程有煎熬、有迷茫、有焦虑，更需要坚持思考，最终找到解决的途径。面对困惑的时候，学习便会为你的心灵打开一扇窗。庆幸的是，现在越来越多高质量的图书，从中汲取丰富的养分，可以滋润我们的灵魂。每当问题解决之后，我们的人生会感到更通透、更顺畅。

我始终有一个观点，先进的教育方法、技巧，不是天生的，而是学来的。一个孩子的教育，拼的是父母的功底，拼的是父母的处事态度和人生感悟。毫不夸张地说，孩子的教育，伴随着父母一生不断的成长。

在孩子成长的过程中，父母承担着更多的教育责任。所以，父母在任何时候都不要停止成长的步伐，路才能越走越宽。如果父母仅仅懂得柴米油盐，会离孩子的精神世界越来越远。

教育孩子的王道，是父母执着地栽培自己。最理想的状态是：孩子懂的，父母懂；孩子不懂的，父母也懂。至少在这个亲子关系中，双方会有交集。孩子的成长，是父母漫漫人生的求索过程，既为自己，也为孩子。孩子赢在起点，不是老师的教育，而是父母的肩膀。如此一来，孩子永远不会有相同的起跑线。

所以，那些勤奋而又不放弃自己成长的父母，更值得我们尊重。

 臧老师语录

在孩子成长过程中，如果父母能够做个"有心"人，去揣摩、去学习、去体会，与孩子一起成长，相信那对孩子来说就是最好的教养。